"十四五"法律职业教育新编系列教材

◈ 司法职业教育新"双高"精品教材
⚖ 司法部信息安全与智能装备实验室丛书

U0711914

JINGCHA DUILIE DUIXING YU DUILIE ZHIHUI
XUNLIAN JIAOCHENG

警察队列队形与队列指挥训练教程

主　编◎卢庆朝　鲁仕忠　彭彩君

副主编◎陈风华　刘志华　马建校

撰稿人◎卢庆朝　鲁仕忠　彭彩君　陈风华　刘志华　马建校
　　　　董　利　冯瑞刚　张　萍　孟学涛　黄善双　徐　敢
　　　　谢　楚　朱　雷　谢　菲　尹成明　宋玉莹　石伟岩
　　　　王振国　刘叶青　胡昌胜　刘　泽　王英杰

中国政法大学出版社

2025·北京

声　　明　1. 版权所有，侵权必究。

　　　　　　2. 如有缺页、倒装问题，由出版社负责退换。

图书在版编目（CIP）数据

警察队列队形与队列指挥训练教程 / 卢庆朝, 鲁仕
忠, 彭彩君主编. -- 北京：中国政法大学出版社,
2025. 4. -- ISBN 978-7-5764-2019-7

Ⅰ. D631.15

中国国家版本馆 CIP 数据核字第 2025NW7614 号

出 版 者	中国政法大学出版社
地　　址	北京市海淀区西土城路 25 号
邮　　箱	fadapress@163.com
网　　址	http://www.cuplpress.com (网络实名：中国政法大学出版社)
电　　话	010-58908435(第一编辑部) 58908334(邮购部)
承　　印	北京鑫海金澳胶印有限公司
开　　本	787mm×1092mm　1/16
印　　张	7
字　　数	103 千字
版　　次	2025 年 4 月第 1 版
印　　次	2025 年 4 月第 1 次印刷
印　　数	1~6000 册
定　　价	49.00 元

在现代社会中，警察队伍的形象和气质对于维护社会秩序和公众信任具有至关重要的作用。因此，警察队列队形训练不仅是提高警员身体素质的必要手段，更是塑造良好警队形象、提升警队品质的重要途径。本书旨在通过科学、系统的训练方法，帮助警务人员提升纪律性、统一性和专业素质。它不仅能够培养警校学生的身体素质，还能够提高他们的心理素质和思想素质。通过队列训练，警校学生可以养成良好的习惯，树立威武的人民警察形象，增强服从意识，增强组织纪律观念，培养团队意识，培养严格的组织性、纪律性和集体主义精神。

队列与队列指挥训练是根据国家的教育方针、学生的年龄特征、身心特点以及队列训练的职能制定的。它是按照《中国人民解放军队列条令（试行）》的要求进行的制式训练，是警校基础训练的必训科目，也是警务技能、实战技术训练的基础，更是强化警务化管理的前提。通过队列训练，警校学生可以端正姿态，保持严整的警容，严守规范的纪律，养成良好的作风，培养迅速的动作，养成令行禁止和整齐划一的习惯。要培养思想过硬、作风正派、知识丰富、技能突出的警务人才，就必须加强警务化管理，提高队列训练质量。强化队列训练一直是警务化管理中的重要课题之一，是警校学生适应未来政法工作新形势、新发展的客观需要。通过不断改进和完善队列训练内容和方法，我们可以培养出更多优秀的警务人才，为维护社会治安和公共安全做出更大的贡献。

队列队形与队列指挥训练在警察队伍中占据着极其重要的位置，不仅是塑造警察队伍良好形象的基础，更是维护社会治安稳定、保障人民群众生命财产安全的关键措施。深入贯彻党的二十大精神，强调职业教育的重要性，警察队列训练作为这一教育体系中的重要组成部分，其核心目标不仅在于提升警务人员的专业技能，更在于培养他们高尚的职业道德、坚定的政治立场和强烈的社会责任感。本书全面阐述了警察队列训练的相关知识，紧跟时代发展步伐，旨在通过系统的理论学习与实践操作，提升教官的专业素质和教学水平，优化队员的训练指导，确保训练内容贴合新时代人民警察工作实际需求。通过本书的学习，读者能够深刻理解并践行党的二十大精神，增强个人的纪律性、职业素养及使命担当，最终成长为一名合格且优秀的人民警察，为构建和谐社会贡献力量。

第一章主要介绍了队列训练的作用，包括保证警察队伍高度统一、塑造警察的气质和形象以及培养警察的品质和情操。同时，还对队列指挥的要求进行了阐述，强调了指挥员需要具备良好的组织协调能力和决策能力。在警员的要求方面，书中强调了身体素质、心理素质、学习能力和适应能力的重要性。为警务人员提供了一套系统的队列训练方法，旨在提高警察队伍的整体素质和执行任务的能力。

第二章详细总结了思想政治教育在队列训练中的关键作用和具体实践方法，以及教育内容和要求。思想政治教育在队列训练中扮演不可或缺的角色，旨在引导队员确立正确的训练动机、坚定政治方向、培养积极思维和团队凝聚力，从而提高整体队列训练效果。教育内容涵盖了坚定政治信仰、保持初心、弘扬合作精神和培养乐观进取品质等方面，而实践方法包括融入日常训练、进行专题教育和结合训练总结等方式。关键要求是内容要积极向上、方式要引人注目、效果要持久，以确保思想政治教育在队列训练中发挥最大的作用。

第三章主要介绍了单个警察徒手队列动作，包括立正、跨立、稍息，停止间转法，行进与立定，步法变换，行进间转法，敬礼、礼毕和单个警察的敬礼，坐下、蹲下、起立，脱帽、戴帽、夹帽，宣誓以及整理着装等内容。这些内容是警察队列指挥的基础，只有掌握了这些基本动作，才能更好地进行队列指挥。

第四章主要介绍了警察班队列动作，包括集合、离散，整齐、报数，出列、入列，行进、停止，队形变换以及方向变换等内容。这些内容是警察队列指挥的核心，通过掌握这些内容，可以使警察队伍在执行任务时更加有序、高效。

第五章主要介绍了队列会操的组织与实施，包括队列会操的组织准备、队列会操的过程以及组织队列会操的要求等内容。队列会操是检验警察队列指挥水平的重要手段，通过组织队列会操，可以发现存在的问题，及时进行整改，提高警察队伍的整体素质。

第六章主要阐述了队列训练对警察的职业素养培养的重要意义。介绍了队列训练可以增强警察的职业意识、集体荣誉感、纪律性等职业素养。然后对职业意识、专业素养、技能要求、心理素质、持续发展等方面进行具体阐述，分别介绍了警察在这些方面应具备的素质和需要做出的努力。

第七章重点阐述了警务礼仪的重要性、基本原则以及在队列队形训练中的具体应用。通过规范的着装、仪容仪表，良好的个人卫生及整洁标准，以及队列中的行为准则和敬礼礼仪等方面的要求，旨在塑造警察队伍的专业形象，增强公众信任。同时，本章还强调了队列指挥的礼仪，为警察在日常工作和特殊场景下的行为规范提供了指导。

本书内容丰富，结构清晰，既有理论知识的讲解，又有实际操作的演示，适合广大警察同志（警校学生）阅读学习。希望本书能够帮助大家更好地掌握队列指挥技能，为维护社会治安、保障人民群众的生命财产安全做出更大的贡献。

总之，严格、科学的队列指挥与训练教育在警校教育过程中具有重要的意义和作用，促使我们培养出具有高度组织纪律性、团队意识和良好作风的警务人才，为社会和谐稳定和发展做出积极的贡献。

目　录

第一章

警察队列队形概述

一、队列队形训练的作用

（一）队列训练对保证警察队伍高度统一具有规范性

警察队伍是一个高度集中统一、组织严密的武装集团，集中统一是警察队伍最显著的特征之一。而警察队伍要保持高度统一，就必须有严格、正规、协调一致的行动，要求每个警员必须服从命令，听从指挥，做到令行禁止。队列动作是约束警察行为的基本准则，是警察队伍统一意志和行动的具体体现。规范性是队列训练显著的特征，它以命令的形式下达给全体警员，规范每个人的行为举止。队列训练要求所有的警员做到队列生活规范化、制式化，正是这种规范化使得警察队伍具有统一的行动，正是队列训练的规范性，才能培养出警察令行禁止的作风。

（二）队列训练对警察的气质和形象具有塑造作用

警察身上具有一种区别于其他职业而独具的气质和形象，这种特有的气质和形象不是与生俱来的，而是通过严格、正规的队列训练刻画和塑造出来的。队列训练是警察队伍统一意志的体现，它是通过统一的号令和严格要求来塑造警察气质的。

（三）队列训练对警察的品质和情操具有陶冶作用

作为一名警察，为了完成特殊的使命，他应该具有高度的组织纪律性、顽强的意志和耐力、勇于拼搏无私无畏的优良作风和英雄主义精神。通过队列队形的训练使学员具有严整端庄的警容姿态，坚决勇敢、勇猛顽强、敢于拼杀搏斗的战斗精神。培养学员的共产主义道德和集体主义精神，养成服从命令，听从指挥的良好习惯。

总之，队列是警察士气、精神面貌的体现，队列训练是加强正规化、现代化建设的一种必要形式和手段；搞好队列训练对于培养良好的警察仪表、严整的警容、协调一致的动作、优良的战斗作风以及加强警察队伍的组织纪律性，巩固和提高警察队伍战斗力，具有不可低估的作用。

二、队列指挥对指挥员的要求

有队列活动，就必然有队列指挥。在队列活动中，队列指挥有着十分重要的作用。指挥员在队列指挥时必须做到：

（一）姿态端正，精神振作，动作规范

指挥员自身形象如何，直接影响到队列人员的动作和情绪。一个合格的指挥员应按照条令规范自己的动作，一举一动符合条令的要求，只有自身做到姿态端正，精神振作，动作规范、准确，节奏分明，才能给队列人员一种榜样作用，一种鼓舞作用。

（二）清点人数，检查着装

只要有队列活动，就要清点人数，检查着装，这是指挥员的一项基本职责。

（三）严格要求，维护好队列纪律

队列活动，是警察的集体活动。严格正规的队列生活，是培养警察学员优良作风和组织纪律性的重要途径。因此，指挥员必须严格要求，认真维护队列纪律。

(四) 选择正确的指挥位置

选择正确的指挥位置，是对指挥员的基本要求。指挥员指挥好队列的基本要求，是队列活动的前提，规范的指挥位置，是一个指挥员素质的具体体现。关于队列指挥位置，《中国人民解放军队列条令 (试行) 》 (简称《队列条令》) 第 6 条规定："指挥位置应当便于指挥和通视全体。通常是：停止间，在队列中央前；行进间，纵队时在队列左侧中央前或者偏后，必要时在队列中央前，横队、并列纵队时在队列左侧前或者左侧，必要时在队列右侧前 (右侧) 或者左 (右) 侧后……"选择指挥位置应遵循两条基本原则：

1. 队列指挥的位置应选在便于指挥和通视全体的地方。指挥员无论是在队列训练还是队列行进中，要随时处理队伍在行进中遇到的各种情况，指挥员要时刻处于便于指挥的位置，不便于指挥就失去了队列指挥的意义；通视全体，是在便于指挥的前提下提出的，和便于指挥的要求相比，它处于次要的位置。因而，在选择指挥位置时，要分清主次，不能只顾通视全体而忽视便于指挥的需要。在实践中，有一些指挥员只注意通视全体而忽略了便于指挥，在队伍行进中，其位置不是在左侧前，而是在左侧后。还有一些指挥员，想在什么位置就在什么位置，这是错误的。

2. 队列在停止间和行进间的指挥位置，《队列条令》对这两种情况作了规定。一种情况是通常情况下应当在什么位置，另一种情况是必要时在什么位置。无论是纵队或横队，停止间指挥位置通常在队列中央前便于指挥的位置。排以下横队时，指挥员与队列前列两端成等腰三角形，一般情况下，指挥员距第一列为 5~7 步。连横队时，指挥员距第一列 9~11 步为宜。

（五）口令要准确、清楚、洪亮

队列指挥员的口令下达的是否准确、清楚、洪亮，是衡量一个队列指挥员是否合格的重要标志。

三、队列训练中对警员的要求

1. 坚决执行命令，做到令行禁止。

2. 按规定的顺序列队，牢记自己的位置，姿态端正，精神振作。

3. 集中精力听指挥员的口令，动作要迅速、准确、协调一致。

4. 保持队列整齐、肃静、自觉遵守队列纪律。

5. 将学到的队列动作，自觉地用于训练、执勤和日常生活中。

[**思考与实践**]

1. 对本章内容的思考和总结。

_____

_____

_____

_____

2. 仍存在的问题或不足。

_____

_____

_____

_____

3. 可以进一步提升的方面。

_____

_____

_____

_____

第二章

队列训练中的思想政治教育

一、思想政治教育的重要性

思想政治教育是队列训练的重要组成部分，发挥无可替代的作用。思想政治教育可以引导队员确立正确的训练动机，坚定政治方向，牢记人民情怀，弘扬集体主义精神，培育乐观进取的品质。通过队列训练与思想政治教育的有机统一，可以更好地检验和坚定队员的政治素质，使队列训练真正服务于提高警队整体作战力和为人民群众服务水平。因此，把思想政治教育融入队列训练之中，对于提高训练效果，增强队伍凝聚力和战斗力，具有十分重要的意义。

（一）思想政治教育是队列训练的重要组成部分，可以将队列训练与司法队伍政治建设同实际工作有效结合，发挥训练的双重作用

1. 检验政治素质的作用。队列训练本身是对队员政治态度和组织纪律的考量，思想政治教育可以引导队员在训练中坚定方向、增强纪律，使训练成为检验政治定力的方式。

2. 提升工作效能的作用。思想政治教育可以使队员确立服务人民的根本动机，将队列训练与提升警队战斗力更好结合，为工作效能服务。

3. 强化思想基础的作用。思想政治教育可培育队员乐观进取的思想品质，围绕政治要求开展队列训练，夯实队伍思想基础。

（二）思想政治教育可优化队列训练效果

1. 明确训练动机。通过思想政治教育，可以引导队员确立服务人民的根本动机，提高训练的自觉性和主动性。

2. 培育思想品德。思想政治教育可以塑造队员良好的思想品质，增强执行队列训练的主动性和坚定性。

3. 提升团队凝聚力。思想政治教育可以弘扬集体荣誉感和团结协作精神，有利于发挥队列训练的整体效能。

4. 坚定政治方向。思想政治教育可以坚定队员的政治态度，使其在队列训练中牢记政治责任。

5. 统一价值标准。思想政治教育可以统一队员的价值追求，改进队列训练中存在的一些问题。

6. 持续影响队员。思想政治教育的效果可以持续影响队员，使队列训练成效得到巩固。

二、思想政治教育的主要内容

（一）坚定正确的政治方向，增强大局意识

要通过队列训练阐释司法工作的政治属性，坚定队员对党和人民的赤胆忠心，牢记入警初心，坚定全心全意为人民服务的宗旨。要教育队员树立大局观念，将个人训练与提高警队整体作战力结合起来，在训练中体现对组织的绝对忠诚，坚决执行上级命令和部署。还要通过集体训练，增强队员的组织观念和纪律性，正确处理个人利益和集体利益的关系。要引导广大队员增强国家情怀和民族自豪感，坚定实现中华民族伟大复兴的信心，在队列训练中展现坚定政治定力和忠诚品质。

（二）牢记入警初心，坚定人民情怀

要教育队员要坚持人民至上、人民对美好生活的向往就是我们的奋斗目标,通过队列训练检验队员的人民情怀,绝不能脱离群众。要引导队员将提高队列训练与改进为人民服务工作结合起来,坚持维护人民利益高于一切,牢记人民赋予的权力,坚持以人民为中心的发展思想,决不能脱离群众。还要引导队员牢记为崇高信念和人民利益而奋斗的初心,培育家国情怀,坚定为中华民族伟大复兴而奋斗的信念。

(三)弘扬合作精神,提升团队凝聚力

要通过集体训练强化队友间的相互配合和默契,引导队员树立"一个是所有,所有是一个"的集体荣誉观念,教育队员在集体中发挥个人专长,成为更强大的整体。要培养队员乐于奉献的精神,将个人融入集体,强调团结协作,共同进步,反对自我表现和利己主义。还要通过训练场上的互帮互学,形成团结向上的良好氛围,培育队员舍小家、顾大家的胸怀,增强集体荣誉感。在集体主义教育中引导队员坚定理想信念,以提升队伍的凝聚力和战斗力。

(四)培育乐观精神,克服困难毅力

在队列训练中,要教育队员积极乐观面对训练中的困难,不轻言放弃,坚持不懈地重复训练,形成吃苦耐劳的品质。要培养队员主动思考,善于总结,在训练中不断进步,启发队员互帮互学,共同提升。还要引导队员将困难视为锻炼自我的机会,培养勇于挑战的勇气,培育队员的求知欲和奋斗精神,使队伍充满活力。通过集体训练要磨炼队员的意志品质,增强战胜困难的信心。并教育队员在失败中保持头脑清醒,能吸取教训重新出发。

三、思想政治教育的具体实践

(一)融入日常队列训练之中

在日常队列训练中,教官可以根据当天训练情况和队员表现,选择合适的时间点进行思想政治教育。例如，训练出现问题时进行案例分析，结合队员思想动态进行形势教育；训练进步时进行表扬鼓励，坚定信心等。日常训练融入思想政治教育具有针对性强、引导及时的优势。但需要教官具备较强的思想政治教育能力，根据具体情况进行融合。

（二）专题集中进行队列训练思想政治教育

专题教育可以有计划地开展系统的思想政治教育，内容广泛深入。例如，组织专题党日活动，围绕思想政治工作开展队列训练专题教育；组织队列训练竞赛活动，以此为契机强化思想政治教育等。专题教育时间和内容可控，可以增强思想政治教育的系统性、完整性。但其周期较长，不能借助具体的训练案例。

（三）结合队列会操训练，进行思想政治总结

在训练期末组织会操时，可以进行思想政治教育效果的全面检验。总结思想政治教育成效，展示先进典型；检视问题不足，进行再教育。这可以避免思想政治教育流于形式，有效地检查教育效果。但需配合其他教育形式，不能单独依靠。

四、思想政治教育的要求

（一）内容要积极向上，联系工作实际

思想政治教育的内容要选择积极向上、导向正面的主题，如弘扬爱国主义、集体主义，树立大局意识等。同时内容要紧密联系司法警察实际工作，通过身边案例启发队员，避免空洞抽象。警察工作具有很强的时效性，思想政治教育内容也要不断与时俱进，贴近新情况、新问题。

（二）方式要生动活泼，引导队员共鸣

对队员进行思想政治教育要使用生动形象的方式，如通过案例分析、

经历分享、表彰典型等形式引导队员。可以组织观看红色电影、参观革命纪念馆等活动。要根据队员兴趣选择合适的方式，还可以运用网络新媒体开展互动的教育形式。关键是引起队员共鸣，产生自觉学习动机。

（三）效果要深入人心，持续影响队员

思想政治教育不能停留在形式和暂时性上，而要真正产生深远影响。要通过灌输理想信念、坚定信心、明确奋斗目标等影响队员的价值取向。教育效果要能够持续发挥作用，并影响队员的言行。同时，还需要持续跟踪队员的思想动态，进行再教育。

[思考与实践]

1. 对本章内容的思考和总结。

_____

_____

_____

_____

_____

2. 仍存在的问题或不足。

_____

_____

_____

_____

_____

3. 可以进一步提升的方面。

_____

_____

_____

_____

_____

第三章

单个警察徒手队列动作

目的：学会和掌握单个警察徒手队列动作的要领和组织练习的方法培养良好的警察姿态，为其他训练打下良好的基础。

内容：

一、立正、跨立、稍息

二、停止间转法

三、行进与立定

四、步法变换

五、行进间转法

六、敬礼、礼毕和单个警察的敬礼

七、坐下、蹲下、起立

八、脱帽、戴帽、夹帽

九、宣誓

十、整理着装

一、立正、跨立、稍息

目的：学会立正、跨立和稍息的动作要领。

内容：（一）立正；（二）跨立；（三）稍息。

方法：理论提示、讲解示范、体会练习。

（一）立正（图 3-1）

立正是警察的基本姿势，是队列动作的基础。警察在宣誓、接受命令、觐见首长、向首长报告、回答首长问话、升降国旗、迎送军旗、奏唱国歌和军歌等严肃庄重的时机和场合，均应当立正。

口令：立正。

要领：两脚跟靠拢并齐，两脚尖向外分开约 60 度（图 3-2）；两腿挺直；小腹微收，自然挺胸；上体正直，微向前倾；两肩要平，稍向后张；两臂下垂自然伸直，手指并拢自然微曲，拇指尖贴于食指第二节，中指贴于裤缝（图 3-3）；头要正，颈要直，口要闭，下颌微收，两眼向前平视（图 3-4）。参加阅兵时，下颌上仰约 15 度（图 3-5）。

示范：

图 3-1 立正

图 3-2 两脚尖向外分开约 60 度

图 3-3 中指贴于裤缝

图 3-4　双眼向前平视

图 3-5　下颌上仰约 15 度

[动作要求]

立正时，要精神振作，姿态端正，表情自然，着装整齐。动作要领可归纳为：三挺、三收、二平、一睁、一顶、一正、八股劲。

三挺：挺腿、挺胸、挺颈；

三收：收臀部、收小腹、收下颌；

二平：两肩要平、两眼向前平视；

一睁：眼大有神，面部自然；

一顶：头部向上顶；

一正：两脚内侧中心点、衣扣线、鼻尖、帽徽在同一垂直线上；

八股劲：脚向下的蹬劲、两膝向后的绷劲、两腿向内的夹劲、小腹的收劲、胸脯向前上的挺劲、脖颈向后的挺劲、两肩向后的张劲、头向上的顶劲。

[练习动作技巧]

1. 练好立正姿势的三个协调：一是两膝盖向后压的力量与两腿内合的力量相协调；二是收臀部、收小腹与挺胸相协调；三是收下颌与挺颈相协调。

2. 掌握正确的呼吸方式。

3. 选择正确的身体重心支撑点。

4. 掌握好正确的手形。

[易犯问题与纠错]

1. 立正时两脚跟未靠拢并齐，两脚尖分开的角度不准，方向不正。

纠正方法：在地上画一条横线，两脚跟站在横线上，靠拢并齐；两脚尖向身体的中心线两侧各分开30度，也可以用角度尺纠正，反复练习。

2. 两腿未夹紧，挺直。

纠正方法：强调裆部夹紧，两腿并拢，向后压膝。

3. 挺腹，含胸，腰不直。

纠正方法：收腹，提腰；两肩稍向后张。

4. 两肩高低不平，或一前一后。

纠正方法：两肩自然放松，下垂，向后张力要均等或采用辅助器材进行纠正。

5. 颈未挺直，歪头，仰下颌。

纠正方法：头正直向上顶，颈部轻贴后衣领，并注意微收下颌。

（二）跨立（图3-6）

跨立即跨步站立，主要用于训练、执勤和舰艇上分区列队等场合，可以与立正互换。

口令：跨立。

要领：左脚向左跨出约一脚之长，两腿挺直，上体保持立正姿势，身体重心落于两脚之间（图3-7）；两手后背，左手握右手腕，拇指根部与外腰带下沿或者内腰带上沿同高；右手手指并拢自然弯曲，拇指贴于食指第二节，手心向后（图3-8）。携枪时不背手。

图3-6　跨立（正面）

图3-7　身体重心落于两脚之间

图 3-8 跨立（背面）

[**动作要求**]

跨立时，保持上体正直，两手自然后背，两腿伸直，姿态端庄。动作要领可归纳为：两快、两准、一稳、一协调。

两快：左脚向左跨出的速度要快、两手后背的速度要快；

两准：左脚向左跨出一脚之长的距离要准、左手握右手腕的位置要准；

一稳：左脚向左跨出和两手后背的同时，上体要保持正直稳固；

一协调：左脚向左跨出和两手后背的动作要协调一致。

[**练习动作技巧**]

1. 左脚跨出后，两脚要在同一平行线上。

2. 左脚向左跨的同时，左腿挺直，身体重心向左移。

3. 左手握右手腕的位置要准确。

4. 左脚跨到位，同时两手后背到位，动作要协调。

[**易犯问题与纠错**]

1. 左脚向左跨的方向不正。

纠正方法：左脚左跨时，要用脚腕力量平行左跨，或采用辅助方法进行纠正。

2. 左脚左跨时，脚掌距地面过高。

纠正方法：左脚左跨时，脚掌稍离地面约 1 厘米，脚尖不要向上翘，左胯上提不要过高。

3. 左脚左跨时，腿弯曲。

纠正方法：跨脚时，左腿膝盖后挺，腿部肌肉绷紧，迅速左跨。

4. 左脚左跨时，上体不稳。

纠正方法：左脚左跨时，腰杆挺直，挺胸挺颈，头向上顶。

5. 左脚左跨时，身体重心未向左移。

纠正方法：左脚向左跨的同时，身体重心向左移，左脚跨到位，身体重心同时移到位。

6. 左手握右手腕的位置不准确。

纠正方法：左手握右手腕时，左手中指和拇指握于右手腕（关节），其余三指与中指并拢握于（关节）的两侧，反复练习。

7. 跨立时，上体不能保持正直姿势。

纠正方法：跨立时，要收腹、挺胸、挺颈、收下颌、腰杆挺直。

8. 跨立后，两肩不平。

纠正方法：跨立时，两手后背，两肩稍向后张，两臂自然弯曲向后，使两肩平。

（三）稍息（图3-9）

口令：稍息。

要领：左脚顺脚尖方向伸出约全脚的2/3，两腿自然伸直，上体保持立正姿势，身体重心大部分落于右脚；携枪时，携带的方法不变，其余动作同徒手；稍息过久，可以自行换脚，动作应当迅速。

图 3-9　稍息

[动作要求]

稍息时，出脚迅速，方向正，距离准，左腿不弯曲，上体不变形。做到：移（移重心）、提（提脚跟）、伸（伸出约全脚掌的 2/3）。动作要领可归纳为：两快、两准、一稳。

两快：出脚快、收脚快；

两准：左脚伸出的方向正、距离准，脚收回的位置准；

一稳：出脚和收脚时身体要稳。

[练习动作技巧]

稍息后，身体不能下坐，上体不放松。

[易犯问题与纠错]

1. 稍息时，出脚方向不正，距离不准。

纠正方法：顺脚尖方向画一直线，在距全脚 2/3 处画一标记，左脚顺线反复练习。

2. 左脚伸出的速度慢。

纠正方法：左脚伸出时，注意腿挺直，脚跟上提不要过高，脚腕用力，绷脚面使脚迅速平行伸出。

3. 弯腿弓膝盖。

纠正方法：强调两腿自然伸直，膝盖向后压。

4. 收脚时，身体晃动，耸肩。

纠正方法：右腿挺直，左脚跟稍提起，用脚腕和两腿的合力将左脚迅速收回，上体不动。

5. 身体重心右移过大，身体倾斜。

纠正方法：稍息时，身体重心稍向右移，体重大部分落于右脚，上体不右斜。

[组织练习]

1. 手形定位练习。主要检查手形是否正确。

口令：手形定位练习，一、二。

要领：听到"一"的口令，两手前伸，掌心相对，拇指根部约与最下方衣扣同高；听到"二"的口令放回原处，中指贴于裤缝。

2. 练习后背的手形以及背手位置。

3. 练习跨步的距离。

4. 练习跨步、背手的协调一致。

5. 稍息出脚定位练习。

立正站好后，沿左脚内（外）侧的延伸方向划一直线，在左脚尖前的全脚2/3距离上画一横线，之后反复练习出脚、收脚。

6. 立正、稍息互换练习。按立正、稍息的动作要领反复练习。

7. 持久练习。按立正姿势站好后，进行耐力和"定型"训练，时间由短到长，养成正确的姿势。

二、停止间转法

目的：学会停止间转法的动作要领。

内容：（一）向右（左）转；（二）向后转；（三）半面向右（左）转。

（一）半面向右（左）转（图3-10、图3-11）

图3-10　半面向右转　　　　　　　　图3-11　半面向左转

口令：半面向右（左）——转。

要领：以右（左）脚跟为轴，右（左）脚跟和左（右）脚掌前部同时用力，使身体协调一致向右（左）转90度，身体重心落在右（左）脚，左（右）脚取捷径迅速靠拢右（左）脚，成立正姿势。转动和靠脚时，两腿挺直，上体保持立正姿势。

半面向右（左）转，按照向右（左）转的要领转45度。

（二）向后转（图3-12）

口令：向后——转。

要领：听到"向后——转"的口令后，按照向右转的要领向后转体180度。

图 3-12　向后转

[动作要求]

应注意两臂不外张，裆部要夹紧；身体和脚一致转动；靠脚时，要取捷径，不得外扫和跺脚；警姿不变，转体和靠脚节奏明显。动作要领可归纳为：两快、两准、一稳、一直。

两快：转体快、靠脚快；

两准：转体方向要准、靠脚位置要准；

一稳：转体后的身体稳；

一直：上体保持正直。

[练习动作技巧]

1. 要自始至终保持良好的警姿。

2. 掌握好用力部位。

3. 掌握好重心转移。

[易犯问题与纠错]

1. 转体时身体不稳。

纠正方法：两腿挺直，裆部夹紧，自然挺胸，同时以脚跟为轴，身体重心落于为轴的支撑脚上，上体保持正直。

2. 两脚和转动的方向一致，转的方向不准。

纠正方法：转动时腰部挺直，身体和两脚同时用力转向新方向。转正后，支撑脚的前脚掌迅速着地。

3. 转体时，两臂外张。

纠正方法：转体时，两臂自然贴于身体。

4. 靠脚时，跺脚或外扫。

纠正方法：靠脚时，两腿挺直，取捷径迅速靠拢。

5. 靠脚后，两脚跟不齐。

纠正方法：在新的方向，画脚跟线，然后反复体会练习。

[组织练习]

1. 分解动作练习。主要体会转体的方向和角度是否准确，如何使身体稳、转得快和靠脚快、准、齐、稳的要领。

口令：分解动作，向右（左、后）——转，二。

要领：听到动令转向新的方向不靠脚；听到"二"的口令，后脚取捷径向内向下用力靠拢前脚，成立正姿势。

2. 连贯动作练习。按停止间转法的动作要领反复练习。

三、行进与立定

目的：使受训者学会行进与立定的动作要领。

内容：（一）齐步行进与立定；（二）正步行进与立定；（三）跑步行进与立定；（四）便步；（五）踏步；（六）移步（5 步以内）；（七）礼步。

（一）齐步行进与立定（图 3-13）

[讲解示范]

齐步是行进的常用步法。

口令：齐步——走、立——定。

要领：左脚向正前方迈出约 75 厘米，按照先脚跟后脚掌的顺序着地，同时身体重心前移，右脚照此法动作；上体正直，微向前倾；手指轻轻握拢，拇指贴于食指第二节；两臂前后自然摆动，向前摆臂时，肘部弯曲，小臂自然向里合，手心向内稍向下，拇指根部对正衣扣线（着海军藏青色春秋常服、冬常服时，拇指根部对正双排扣中间位置），并高于春秋常服或者冬常服最下方衣扣约 5 厘米（着夏常服、水兵服时，高于内腰带扣中央约 5 厘米；着作训服时，与外腰带扣中央同高），离身体约 30 厘米；向后摆臂时，手臂自然伸直，手腕前侧距裤缝线约 30 厘米。行进速度每分钟 116~122 步。当听到"立——定"口令后，左脚再向前大半步着地（脚尖向外约 30 度），两腿挺直，右脚取捷径迅速靠拢左脚，成立正姿势。

图 3-13　齐步行进与立定

[动作要求]

脚向正前方迈出，不走"八字"步，两眼向前平视，步幅、步速要准确，具有勇往直前的气势。做到：走直线，身体稳，臂腿协调，动作准。动作要领可归纳为：两准、两稳、一协调。

两准：步幅、步速准，摆臂前后定位准；

两稳：摆臂定位要稳、上体要稳；

一协调：腿、臂动作要协调自如。

[练习动作技巧]

1. 要保持良好的警姿。

2. 掌握摆臂的着力点。

3. 臂腿动作要协调一致。

4. 两脚内侧应走直线。

[易犯问题与纠错]

1. 全脚掌着地。

纠正方法：按先脚跟、后脚掌的顺序着地，上体正直，微向前倾。按此要领反复练习。

2. 体重没有随脚着地的同时前移。

纠正方法：上体稍向前倾，使体重及时前移。

3. 步幅不准。

纠正方法：画 75 厘米步幅线，反复练习。

4. 步速不准。

纠正方法：采取计时训练，反复练习。

5. 上体松，左右晃，警姿不正。

纠正方法：上体要正直，自然挺胸，腰杆当家。

6. 手腕弯曲。

纠正方法：摆臂时手腕放松，自然伸直。

7. 腿臂不协调。

纠正方法：由慢到快体会练习，迈脚同时摆臂，脚着地时臂到位。

8．立定时，身体后仰。

纠正方法：身体稍向前倾，左脚向前大半步时，体重及时前移，重心落于左脚，之后右脚靠拢左脚。

9．靠脚弯腿。

纠正方法：脚腕用力，压膝盖，两腿挺直，右脚迅速靠拢左脚。

10．立定时，跺脚和外扫。

纠正方法：两腿挺直，取捷径靠脚。

11．靠脚后角度不准。

纠正方法：左脚向前大半步，左脚尖向左分开约30度，右脚靠拢左脚时，右脚尖向右分开约30度。

12．靠脚放臂不一致。

纠正方法：靠脚的同时放臂。

［组织练习］

1．齐步摆臂练习。主要解决摆臂路线，前后定位的准确性。

口令：齐步摆臂练习，一、二、停。

要领：当听到"齐步摆臂练习，一"的口令，按摆臂要领将手臂摆出（不迈脚），右臂在前，左臂在后；听到"二"的口令，两臂交换，之后按口令反复交替进行。听到"停"的口令，两臂放下成立正姿势。

2．立定练习。主要体会和检查臂、腿结合是否协调。

口令：立定练习，×步一靠，齐步——走、二。

要领：听到"×步一靠，齐步——走"的口令向前行进规定的步数。此时，左脚在前，不靠脚；听到"二"的口令，靠脚放臂成立正姿势。

3．步幅、步速练习。按75厘米画步幅线，用秒表计算，练习步幅、步速的准确性。

4．连贯动作练习。按齐步走的动作要领反复练习。

（二）正步行进与立定（图3-14）

[讲解示范]

正步是一种礼节性步伐，主要用于分列式和其他礼节性场合。标准高，难度大，是队列训练的重点和难点。

口令：正步——走、立——定。

图3-14　正步行进与立定

要领：左脚向正前方踢出约75厘米，腿要绷直，脚尖下压，脚掌与地面平行，离地面约25厘米，适当用力使全脚掌着地，同时身体重心前移，右脚照此法动作；上体正直，微向前倾；手指轻轻握拢，拇指伸直贴于食指第二节；向前摆臂时，肘部弯曲，小臂略成水平，手心向内稍向下，手腕下沿摆到高于春秋常服或者冬常服最下方衣扣约 15 厘米处（着夏常服、水兵服时，高于内腰带扣中央约 15 厘米处；着作训服时，高于外腰带扣中央约 10 厘米处），离身体约 10 厘米；向后摆臂时左手心向右、右手心向左，手腕前侧距裤缝线约 30 厘米。行进速度每分钟 110～116 步。当听到"立——定"口令后，左脚再向前大半步着地（脚尖向外约 30 度），两腿挺直，右脚取捷径迅速靠拢左脚，成立正姿势。

[动作要求]

行进时，要警姿端正，神色从容，动作自然大方，力度、节奏感要强。动作要领可归纳为：四快、四准、两直、两稳、一协调。

四快：踢腿快、摆臂快、脚着地快、跟体快；

四准：脚踢出高度准、摆臂路线和位置准、步幅准、步速准；

两直：腿要绷直、上体正直；

两稳：踢腿摆臂定位后要稳、脚着地身体重心前移时身体要稳；

一协调：腿臂动作要协调。

[练习动作技巧]

1. 行进时要挺胸、挺颈，头要正直上顶，身体上拔，腰杆当家。

2. 踢腿与身体重心前移要协调。

3. 跟进、踢腿与压脚尖动作要协调。

4. 腿部运动与摆臂的用力大小要协调一致。

[易犯问题与纠错]

1. 踢腿摆臂不定位。

纠正方法：强调在控制下多加练习，以形成定位。

2. 弓、弹、掏腿。

纠正方法：踢腿时，档部放松，支撑腿挺直，踢出的腿绷直，膝盖下压，以脚腕带动小腿，小腿带动大腿的顺序，迅速用力向前踢出。

3. 臂腿不协调，脚擦地。

纠正方法：强调踢腿摆臂，脚着地臂不动。前脚着地身体重心前移时，后脚掌稍离地面向前踢出。

4. 摆臂时划弧。

纠正方法：两臂按照摆臂要领，围绕身体前后，自下而上端臂。

5. 摆臂时耸肩。

纠正方法：摆臂时肩关节适当放松，使肩关节转动自如，手腕适当用力，以小臂带动大臂运动。

6. 步幅、步速不准。

纠正方法：采取用画步幅线和计时的方法，反复练习。

[组织练习]

1. 原地摆臂练习。主要是解决摆臂的速度和定位性。

口令：正步原地摆臂练习，一、二、停。

要领：听到"正步原地摆臂练习，一"的口令后，按正步摆臂要领向前摆出右臂，向后摆出左臂，听到"二"的口令后，两臂交换；之后根据口令反复交替练习。听到"停"的口令（一般右臂在前时下达"停"的口令），放臂恢复立正姿势。

2. 原地抱腹踢腿练习。主要练习踢腿的速度以及上体的稳定程度。

口令：原地抱腹踢腿——抱腹，一、二。

　　　换腿，一、二、停。

要领：听到"原地抱腹踢腿——抱腹"的口令后，两手腹前交叉（左手抓右手），将小腹向上托起，挺胸。左胯提起，使左脚离地位于右脚跟约全脚的后1/3处，蹬脚跟、跷脚尖。身体重心落于右脚；听到"一"的口令，按正步踢腿要领向前踢出。听到"换腿"的口令（一般腿收回时下"换腿"的口令），左脚着地后，右脚提起，之后同左脚动作一样。听到"停"的口令后，两手放下同时靠脚成立正姿势。

3. 原地摆臂踢腿练习。主要解决臂、腿的协调性。

口令：原地踢腿摆臂练习，正步——走、二。

换腿，一、二、停。

要领：听到"原地踢腿摆臂练习，正步——走"的口令后，踢出左腿按正步摆臂要领摆臂，右臂在前，左臂在后，听到"换腿"的口令，左脚原地落下，起右脚同时换臂，之后，按口令交替练习，听到"停"的口令，恢复立正姿势。

4. 一步两动练习。主要解决身体正直前移问题以及臂腿的协调性。

口令：一步两动，正步——走、二、一、停。

要领：听到"一步两动，正步——走"的口令后，按要领踢出腿不着地，同时摆臂，听到"二"的口令身体前移，左脚于75厘米处正直落地，臂不动。同时右脚提胯前位于全脚的1/3处（蹬脚跟、翘脚尖）；听到"一"的口令，踢出右脚，同时摆臂，之后照此法反复练习。听到"停"的口令（一般下于右脚着地时），左脚向前半步着地，脚尖外摆30度，右脚取捷径靠拢左脚同时放臂，成立正姿势。

5. 一步一动练习。主要解决落地臂不动（踢脚同时摆臂），使臂腿更紧密结合，步伐有节奏感。

口令：一步一动，正步——走、二、一、停。

要领：听到"一步一动，正步——走"的口令，左脚按正步要领踢出不着地，听到"二"的口令，左脚迅速着地，右脚跟于左脚后1/3处稍停，再向前踢出，听到"一"的口令，左脚按右脚的动作要领实施，之后按"二""一"的口令交替进行，听到"停"的口令，右脚靠拢左脚的同时将臂放下，成立正姿势。

6. 快慢步练习。主要解决踢腿、摆臂、落地、跟体的协调性。

口令：快慢步，正步——走、二、停。

要领：听到"快慢步，正步——走"的口令后，踢出左脚的同时摆臂，于正前方约75厘米处用力着地，右脚跟至左脚跟约全脚的后1/3处，臂不动。听到"二"的口令，右脚照此法动作，之后交替练习。听到"停"的口令后，左脚向前半步着地，脚尖外摆 30 度，右脚取捷径靠拢左脚同时放臂，成立正姿势。

7. **断续正步练习。**主要解决步幅、步速以及初学者体力跟不上而引起的动作变形问题。

口令：断续正步，一个口令×个动作，正步——走，×步前进，停。

要领：听到"断续正步，一个口令×个动作，正步——走"的口令后，按正步要领前进×步，前脚不着地。听到"停"的口令，左脚向前半步着地，脚尖外摆约 30 度，右脚取捷径靠拢左脚同时放臂，成立正姿势。

8. **连贯动作练习。**按正步的动作要领反复练习。

(三) 跑步行进与立定（图 3-15）

[**讲解示范**]

口令：跑步——走、立定。

跑步主要用于快速行进。

要领：听到预令，两手迅速握拳（四指蜷握，拇指贴于食指第一关节和中指第二节），提到腰际，约与腰带同高，拳心向内，肘部稍向里合。听到动令，上体微向前倾，两腿微弯，同时左脚利用右脚掌的蹬力跃出约 85 厘米，前脚掌先着地，身体重心前移，右脚照此法动作；两臂前后自然摆动，向前摆臂时，大臂略垂直，肘部贴于腰际，小臂略平，稍向里合，两拳内侧各距衣扣线约 5 厘米（着海军藏青色春秋常服、冬常服时，两拳内侧各距双排扣中间位置约 5 厘米）；向后摆臂时，拳贴于腰际。行进速度每分钟 170~180 步。

听到"立定"口令，继续跑 2 步，然后左脚向前大半步（两拳收于腰际，停止摆动）着地，右脚取捷径靠拢左脚，同时将手放下，成立正姿势。

图 3-15　跑步行进与立定

[**动作要求**]

行进时，上体端正，两眼注视前方，利用前脚掌的弹力前进；摆臂时，肘部不得外张，两拳不要上下摆动或围绕腹部摆动；立定时，不得垫步或左右跨步。动作要领可归纳为：两快、一跃、一平、一合、两不露。

两快：两手握拳快、两拳提到腰际快；

一跃：后脚利用前脚掌的蹬力（跃出）前进；

一平：摆臂时小臂略平；

一合：肘部稍向里合；

两不露：向前摆时，不露肘；向后摆时，不露手。

[**练习动作技巧**]

1. 两腿微弯，不下坐。

2. 掌握摆臂的要领。

3. 要注意掌握跑步立定时臂腿的协调方法。

[**易犯问题与纠错**]

1. 第一步跃不出去。

纠正方法：强调听到口令应先前倾上体，两腿微曲，使身体重心前移，同时左脚利用右脚掌的弹力跃出。

2. 摆臂时，两拳上下打鼓或绕腹部摆动。

纠正方法：向前摆臂时，大臂略直，肘部贴于腰际，小臂略平，稍向里合，两拳内侧各距衣扣线约 5 厘米；向后摆臂时，拳贴于腰际，肘部稍向里合。

3. 行进时全脚掌着地，形成身体上蹿下跳。

纠正方法：强调上体正直前倾，使重心前移、克服前移过慢。

4. 立定时，垫步或跨步。

纠正方法：强调按照要领反复练习。

[组织练习]

1. 跑步摆臂练习。主要解决摆臂的路线和定位准确的动作。

口令：跑步、一、二、停。

要领：听到"跑步"的预令，两手迅速握拳提到腰际，听到"一"的口令按跑步要领摆臂，右手在前，左手在后，听到"二"的口令，两臂交换，之后按口令反复练习，听到"停"的口令，左拳收回，再将两手放下，成立正姿势。

2. 一步跃出练习。主要解决第一步跃出的要领。

口令：一步跃出练习，跑步——走、二。

要领：听到"一步跃出练习，跑步——走"的口令，两手迅速握拳提到腰际，两腿微弯，左脚利用右脚掌的弹力向前跃出约 85 厘米，前脚掌先着地。右腿向后稍弯曲，听到"二"的口令，右脚靠拢左脚的同时，将手放下，成立正姿势。之后按口令反复练习。

3. 立定练习。主要解决立定时的腿臂协调动作。

口令：立定练习，×步一靠，跑步——走、二。

要领：听到"立定练习，×步一靠，跑步——走"的口令，按要领向前跑规定的步数，此时左脚在前，不靠脚。听到"二"的口令，右脚靠拢左脚放臂成立正姿势。

4. 步幅、步速练习。

5. 连贯动作练习。按跑步立定的动作要领反复练习。

（四）便步

［讲解示范］

便步用于行军、操练后恢复体力及其他场合。

口令：便步——走。

要领：用适当步速、步幅行进，两臂自然摆动，上体保持良好姿态。

［动作要求］

便步走时，要具有良好的警姿和队列纪律，保持步法稳健、精神振作和相应的队形。

［易犯问题与纠错］

便步行进中主要注意纠正警察姿态和警容风纪等问题。

（五）踏步（图 3-16）

［讲解示范］

踏步用于调整步伐和整齐。

停止间口令：踏步——走。

行进间口令：踏步。

要领：两脚在原地上下起落（抬起时，脚尖自然下垂，离地面约 15 厘米；落下时，前脚掌先着地），上体保持正直，两臂按照齐步或者跑步摆臂的要领摆动。行进间踏步时，听到"前进"的口令，继续踏两步，再按齐步或跑步行进（齐步换踏步，听到口令即换踏步，跑步换踏步，听到口令，继续跑 2 步，然后换踏步）。听到"立定"的口令后，齐步时，左脚继续踏 1 步，右脚靠拢左脚成立正姿势；跑步时，继续踏 2 步，左脚踏 1 步，右脚靠拢左脚成立正姿势。

图 3-16　踏步

[动作要求]

踏步时，上体保持正直，挺胸抬头，身体不左右晃动，两脚不得前后移动；立定时，不得向左或向前跨步。

[易犯问题与纠错]

1. 脚尖不能下垂，脚尖离地面的高度不定。

纠正方法：踏步时两肩放松，大腿带动小腿上下起落，落地时应做到按脚掌、脚跟的顺序着地。立定时，最后一步不得跨步，应原地下落，右脚靠拢左脚。

2. 两膝外张。

纠正方法：脚抬起时，两膝注意稍向里合，注意正直上、下起落。

3. 立定移位。

纠正方法：注意两脚上下起落，在原地立定。

（六）移步（5 步以内）

[讲解示范]

移步用于调整队列位置。

1. 右（左）跨步。

口令：右（左）跨×步——走。

要领：上体保持正直，每跨 1 步并脚 1 次，其步幅约与肩同宽，跨到指定步数停止。

2. 向前或后退。

口令：向前×步——走。

后退×步——走。

要领：向前移步时，应当按照单数步要领进行（双数步变为单数步）。向前 1 步时，用正步，不摆臂；向前 3 步、5 步时，按照齐步走的要领进行。向后退步时，从左脚开始，每退 1 步靠脚 1 次，不摆臂，退到指定步数停止。

[动作要求]

移步时，要注意警姿端正，动作准确，节奏分明。

[易犯问题与纠错]

1. 左（右）跨步时上体摆动。

纠正方法：移步时，注意腰杆挺直，上体保持正直姿势。

2. 移步动作没节奏。

纠正方法：注意按动、静分明，节奏明显的要求进行纠正。

（七）礼步

[讲解示范]

礼步主要用于纪念仪式中礼兵的行进。

口令：礼步——走。

要领：左脚向正前方缓慢抬起，腿要绷直，脚尖上翘，与腿约成 90 度，脚后跟离地面约 30 厘米，按照脚跟、脚掌顺序缓慢着地，步幅约 55 厘米，右脚照此法动作；上体正直，两臂下垂自然伸直、轻贴身体（抬祭奠物除外）；手指并拢自然微曲，拇指尖贴于食指第二节，中指贴于裤缝。行进速度每分钟 24~30 步。

[**动作要求**]

礼步时，要注意警姿端正，动作准确，节奏分明。

[**易犯问题与纠错**]

1. 礼步时上体晃动。

纠正方法：礼步时，注意腰杆挺直，上体保持正直姿势。

2. 礼步腿形及着地顺序问题。

纠正方法：注意按动、静分明，节奏明显的要求进行纠正。

四、步法变换

目的：学会步法变换的动作要领。

内容：（一）齐步、正步互换；（二）齐步、跑步互换；（三）齐步、踏步互换；（四）跑步、踏步互换。

[**讲解示范**]

步法变换，均从左脚开始。

（一）齐步、正步互换

1. 齐步换正步。

口令：齐步——走，正步——走。

要领：在齐步行进的基础上，听到"正步——走"的口令后（动令落于左脚）右脚继续走 1 步，即换正步行进（第一步一定要稳，步速变换要明显）。

2. 正步换齐步。

口令：正步——走，齐步——走。

要领：在正步行进的基础上，听到"齐步——走"的口令后（动令落于左脚）右脚继续走 1 步，即换齐步行进。

（二）齐步、跑步互换

1. 齐步换跑步。

口令：齐步——走，跑步——走。

要领：在齐步行进的基础上，听到"跑步——走"的预令后，两手迅速握拳，提到腰际，两臂前后自然摆动，听到动令（动令落于右脚）左脚即按跑步行进。

2. 跑步换齐步。

口令：跑步——走，齐步——走。

要领：在跑步行进的基础上，听到"齐步——走"的口令（动令落于右脚），继续跑2步，然后换齐步行进（换臂要明显）。

（三）齐步、踏步互换

1. 齐步换踏步。

口令：齐步——走，踏步。

要领：在齐步行进的基础上，听到"踏步"的口令（动令落于右脚），即换踏步。

2. 踏步换齐步。

口令：踏步——走，前进。

要领：听到"前进"的口令，继续踏两步（动令落于右脚），再按齐步行进。

（四）跑步、踏步互换

1. 跑步换踏步。

口令：跑步——走，踏步。

要领：在跑步行进的基础上，听到"踏步"的口令（动令落于右脚），即换踏步。

2. 踏步换跑步。

口令：踏步——走，前进。

要领：听到"前进"的口令，继续踏两步（动令落于右脚），再按跑步行进。

[**动作要求**]

步法变换时要明显，时机要准确，动作要规范。

[**动作要点**]

1. 齐步换正步时，左脚即换正步踢出的高度和摆臂的位置要准确。

2. 正步换齐步时，左脚即换齐步要及时，摆臂要自然。

3. 齐步换跑步时，听到预令，两手应迅速握拳提到腰际，两臂自然摆动，听到动令，即换跑步。

[**易犯问题与纠错**]

1. 步法变换时，动作不明显。

纠正方法：听到口令后，即从左脚开始变换，按新步法行进。变换时，要充分显示出齐步为迈出，正步为踢出，跑步为跃出的不同特点。

2. 步法变换时，不能保持原步速。

纠正方法：变换时，第一步的步幅要保持好，同时注意踢、迈、跃步要稳健。

3. 齐步换跑步时，握拳上提慢，摆臂不自然。

纠正方法：齐步行进中，听到预令，两手迅速握拳提到腰际，两臂随脚的运动自然摆动；听到动令，即按跑步要领行进。

[**组织练习**]

1. 分解练习。

口令：分解动作，×步换×步，×步——走，二。

要领：在行进中，听到"×步——走"的口令，变换第一步后停住，听到"二"的口令后再按变换的步法行进。

2. 连贯练习。按齐步与正步互换、齐步与跑步互换的动作要领反复练习。

五、行进间转法

目的：学会行进间转法的动作要领。

内容：（一）齐步、跑步向右（左）转走；（二）齐步、跑步向后转走。

（一）齐步、跑步向右（左）转走

口令：向右（左）转——走。

要领：左（右）脚向前半步（跑步时，继续跑2步，再向前半步），脚尖向右（左）约45度，身体向右（左）转90度时，左（右）脚不转动，同时出右（左）脚按照原步法向新方向行进。

半面向右（左）转走，按照向右（左）转走的要领转45度。

（二）齐步、跑步向后转走

口令：向后转——走。

要领：左脚向右脚前迈出约半步（跑步时，继续跑2步，再向前半步），脚尖向右约45度，以两脚的前脚掌为轴，向后转180度，出左脚按照原步法向新方向行进。

［动作要求］

转动时，保持行进时的节奏，两臂自然摆动，不得外张；两腿自然挺直，上体保持正直。注意出脚、转体、摆臂动作要协调一致。

［练习动作技巧］

1. 掌握身体重心。齐步向（（左）转走时，（（右）脚向前半步，身体重心大部分落于（（右）脚；跑步向（（左）转走时，身体重心落于两脚掌上。

2. 向前半步及方向准确。在向前半步时，不要过大，（（右）脚尖到（（左）腿根约15厘米，脚尖向（（左）45度，（（左）脚向新方向（（跃）出时，方向要准确。

3. 腿臂协调。转向新方向时，臂应随腿的运动摆动。向右（左）转走时，在出脚的同时臂随之摆动，使出脚、转体、摆臂协调一致。

[**易犯问题与纠错**]

1. 转时前脚掌随身体转动。

纠正方法：强调向前半步时，脚尖向右（左）45度要准确，注意在转体的同时出脚，向新方向前进时，用上体力量转向新方向，两脚掌不得移动。

2. 转时两臂外张，上体不稳。

纠正方法：两手轻贴身体自然摆动；注意腰杆挺直，挺胸、挺颈。

3. 转时转体摆臂不协调。

纠正方法：强调随身体转向新方向的同时，两臂自然摆动，并与上体同时到位。

[**组织练习**]

1. 分解动作练习。齐步、跑步向右（左）转可分两动练习。

口令：分解动作，向右（左）转——走、二。

要领：听到动令，按齐步、跑步转法要领左（右）脚向右（左）内扣45度，上体正直，身体面向原方向，听到"二"的口令，转向新的方向行进。

齐步、跑步向后转走可分为三动练习。

口令：分解动作，向后转——走、二、三。

要领：听到动令，左脚向前半步（跑步时继续向前跑两步，再向前半步），脚尖向右约45度。听到"二"的口令，转向新方向，听到"三"的口令，出左脚向新方向行进。

2. 连贯动作练习。按齐步、跑步行进间转法的动作要领反复练习。

六、敬礼、礼毕和单个警察的敬礼

目的：学会敬礼的动作要领。

内容：（一）敬礼、礼毕；（二）单个警察的敬礼。

[讲解示范]

为表示同志之间团结、友爱，体现部属与首长、下级与上级的相互尊重，必须有礼节。

敬礼分为举手礼、注目礼和举枪礼。

（一）敬礼、礼毕

口令：敬礼、礼毕。

　　　向右看——敬礼，礼毕。

1. 举手礼（图3-17）。

口令：敬礼。

要领：听到"敬礼"的口令，上体正直，右手取捷径迅速抬起，五指并拢自然伸直，中指微接帽檐右角前约2厘米处（戴卷檐帽、无檐帽或者不戴警帽时微接太阳穴，约与眉同高），手心向下，微向外张（约20度），手腕不得弯曲，右大臂略平，与两肩略成一线，同时注视受礼者。

图3-17　举手礼

图 3-18　注目礼

2. 注目礼（图 3-18）。

要领：面向受礼者成立正姿势，同时注视受礼者，并目迎目送（右、左转头角度不超过 45 度）。

3. 举枪礼。举枪礼用于阅兵式或者执行仪仗任务。

口令：向右看——敬礼。

要领：右手将枪提到胸前，枪身垂直并对正衣扣线，枪面向后，离身体约 10 厘米，枪口与眼同高，大臂轻贴右肋；同时左手接握表尺上方，小臂略平，大臂轻贴左肋；同时转头向右注视受礼者，并目迎目送，右、左转头角度不超过 45 度。

4. 礼毕。

口令：礼毕。

要领：行举手礼者，将手放下；行注目礼者，将头转正；行举枪礼者，将头转正，右手将枪放下，使托前踵轻轻着地，同时左手放下，成持枪立正姿势。

[动作要求]

1. 行举手礼和注目礼时，上体正直，精神振奋，表情亲切、自然，抬手迅速，手、臂、头定型定位，不歪头、不转体、不耸肩。行举手礼时，做到"三个一条线"。即大臂与肩略成一条线；手与小臂略成一条线；从头到脚上下成一条线。要领可归纳为：身体正直抬手快；手心向内稍向外；中指定位腕挺直；大臂略平与肩齐。

2. 行举枪礼时，身体保持立正姿势，动作要迅速、准确、协调。动作要领可归纳为：一快、一准、一稳、一协调。

一快：右手用虎口、手腕、小臂的合力，将枪迅速提到胸前；

一准：左手接握表尺处要准，枪离身体约 10 厘米，枪口（或准星护圈）与眼同高；

一稳：枪身要保持垂直、稳固；

一协调：右手将枪提到位、左手接握表尺处和转头向右动作要同时完成，协调一致。

[练习动作技巧]

1. 行举手礼时，右手取捷径迅速抬起，臂和肩要自然放松；中指接于帽檐右角前约 2 厘米处，手心向下，微向外张约 20 度；大臂与肩成一线，挺胸、挺颈、头要正。

2. 行注目礼时，颈要挺直，转头迅速，两眼有神注视受礼者，向右、左转头角度不超过 45 度。

3. 行举枪礼时要把握好提枪的速度和力度，要用右手虎口、手腕和小臂的合力，迅速将枪提到胸前。

4. 右手将枪提到位、左手接握表尺处和转头向右动作要同时完成。

[易犯问题与纠错]

1. 举手礼。

（1）右手抬起时未取捷径。

纠正方法：身体保持正直，右手抬起时，手腕用力，沿右胸前取捷径迅速抬起。

（2）手腕弯曲，手心外张过大。

纠正方法：手腕自然挺直，手心向下。微向外张约 20 度。

（3）右大臂与两肩不在一线。

纠正方法：右大臂抬起时，肘部稍向后张，使臂肘略与肩平，并在一条线上。

2. 注目礼。

（1）转头角度过大或过小。

纠正方法：右、左约45度方向各定一目标，之后转头平视目标，反复练习。

（2）仰头、斜视。

纠正方法：颈部挺直，下颌微收，使瞳孔居中平视。

3. 举枪礼。提枪时，大臂上抬、耸肩。

纠正方法：提枪时，大臂轻贴右肋，肩部放松。

[组织练习]

1. 手形练习。主要用于检查敬礼的手形。

口令：手形练习，一、二。

要领：听到"一"的口令，右手取捷径迅速抬起，位于右胸前，五指并拢伸直，拇指上沿与口袋上沿平齐，听到"二"的口令将手放下。

2. 分解动作练习。举手礼分解动作。

口令：分解动作，敬礼，礼毕。

要领：听到"敬礼"的口令，按动作要领，右手取捷径迅速抬起，中指微接帽檐右角前2厘米处。听到"礼毕"的口令迅速放臂成立正姿势。

3. 连贯动作练习。按照敬礼、礼毕的动作要领反复练习。

（二）单个警察的敬礼

[讲解示范]

单个警察在距受礼者5~7步处，行举手礼或者注目礼。

要领：徒手或者背枪时，停止间，应当面向受礼者立正，行举手礼，待受礼者还礼后礼毕；行进间（跑步时换齐步），转头向受礼者行举手礼，并继续行进，左臂仍自然摆动，待受礼者还礼后礼毕。

携带武器（除背枪）等不便行举手礼时，不论停止间或者行进间，均行注目礼，待受礼者还礼后礼毕。

[动作要求]

单个警察敬礼，要精神振奋，姿态端庄，动作准确，时机得当。行进间敬礼时，手不随头转动，左臂自然摆动，保持行进方向；礼毕时，右手要在右脚迈出的同时放下后摆，目迎目送受礼者，身体不转动。动作要领可归纳为：三准、二协调、一不变。

三准：脚着地步幅准、敬礼的位置准、转头的角度准；

二协调：敬礼时，右脚迈出、手抬起和转头要协调一致；礼毕时，右脚迈出、放手和将头转正协调一致；

一不变：保持步速不变。

[练习动作技巧]

1. 掌握敬礼时机。

2. 行进间行举手礼或礼毕时，摆臂要自然协调。

3. 行进间行举手礼时，要注意右脚迈出与抬头和转头要协调一致。

[易犯问题与纠错]

1. 左脚着地与转头、抬手不一致。

纠正方法：右脚迈出同时转头到位，右手接于帽檐右角前到位。

2. 迈脚和摆臂不协调。

纠正方法：强调行举手礼后，保持步速不变，左臂自然摆动。

[组织练习]

1. 分解动作练习。

口令：分解动作，敬礼、二。

分解动作，礼毕、二。

要领：行进时，听到"分解动作，敬礼"的口令（动令落在右脚），左脚向前一步，于右脚再向前一步的同时，转头行举手礼；听到"二"的口令，按原步法行举手礼前进。

听到"礼毕"的口令（动令落在右脚），左脚向前一步；听到"二"的口令，在右脚迈出的同时，将头转正，右手放下、向后摆，按原步法行进。

2. 连贯动作练习。按行进间敬礼的动作要领反复练习。

七、坐下、蹲下、起立

目的：通过训练，使受训者学会坐下、蹲下、起立的要领。

内容：（一）坐下、起立；（二）蹲下、起立。

（一）坐下、起立

1. 徒手坐下（图 3-19）。

口令：坐下、起立。

要领：左小腿在右小腿后交叉，迅速坐下（坐凳子时，听到口令，左脚向左分开约一脚之长；女警察着裙服坐凳子时，两腿自然并拢），手指自然并拢放在两膝上，上体保持正直。

听到"起立"的口令，全身协力迅速起立，左脚靠拢右脚成立正姿势。

图 3-19　徒手坐下

2. 携便携式折叠写字椅坐下。

口令：放凳子——坐下。

取凳子——起立。

要领：当听到"放凳子"的口令，左手将便携式折叠写字椅提至身前交于右手，右手反握支脚上横杠，左手移握写字板和座板上沿，两手协力将支脚拉开；之后上体右转，两手将便携式折叠写字椅轻轻置于脚后，写字板扣手朝前，恢复立正姿势；当听到"坐下"的口令，迅速坐在便携式折叠写字椅上。

使用便携式折叠写字椅的靠背或者写字板时，应当按照"打开靠背"或者"打开写字板"的口令，调整便携式折叠写字椅和坐姿；组合使用写字板时，根据需要确定组合方式和动作要领。

携便携式折叠写字椅起立时，当听到"取凳子——起立"的口令后，按照放便携式折叠写字椅的相反顺序进行。

3. 背背囊（背包）坐下。

口令：放背囊（背包）——坐下。

取背囊（背包）——起立。

要领：听到"放背囊（背包）"的口令，两手协力解开上、下扣环，握背带；取下背囊（背包），上体右转，右手将背囊（背包）横放在脚后，背囊（背包）正面向下，背囊口向右（背包口向左）；按照口令坐在背囊（背包）上。携枪（筒）放背囊（背包）时，先置枪（架枪、筒），后放背囊（背包）。

携背囊（背包）起立时，当听到"取背囊（背包）——起立"的口令后，按照放背囊（背包）的相反顺序进行。

（二）蹲下、起立

口令：蹲下、起立。

要领：右脚后退半步，前脚掌着地（图 3-20），臀部坐在右脚跟上（膝盖不着地），两腿分开约 60 度（女警察两腿自然并拢），手指自然并拢放在两膝上，上体保持正直（图 3-21）。蹲下过久可自行换脚。

听到"起立"的口令，全身协力迅速起立，成立正姿势。

图 3-20　右脚后退半步，前脚掌着地

[**动作要求**]

坐下、蹲下、起立，要迅速、准确，上体保持良好姿势。

[**练习动作技巧**]

1. 坐下、蹲下后，上体要保持正直姿势，注意挺胸、抬头，两眼注视前方。

2. 坐下时，两腿交叉要迅速，重心要稳；蹲下时，右脚后退半步要准确。

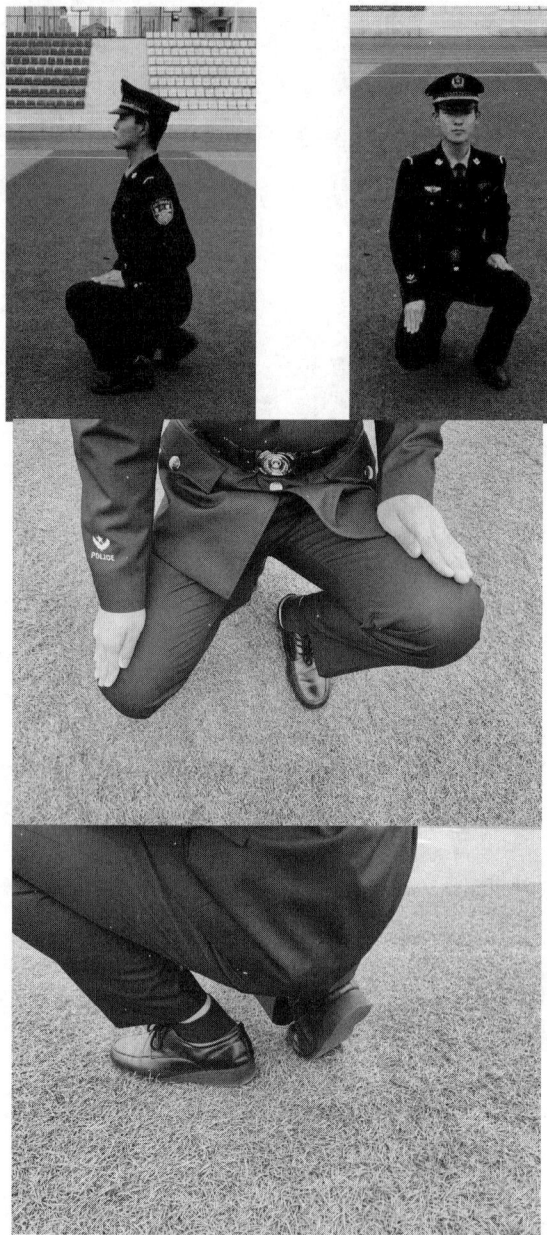

图 3-21 蹲下

[易犯问题与纠错]

1. 坐下时，手扶地。

纠正方法：起立时，两脚靠近臀部，上体微向前倾，全身用力迅速起立。

2. 坐下时，两脚交叉或大或小。

纠正方法：以右小腿后和左小腿前相贴为宜。

3．坐下时，上体后倒。

纠正方法：上体保持正直，坐下时稍前倾。

4．坐下、蹲下后弯腰、低头。

纠正方法：腰杆挺直，挺胸、挺颈。

5．蹲下时，右脚后退过大。

纠正方法：强调后退"半步"。

[组织练习]

1．分解动作练习。

（1）坐下、起立分解动作练习。

口令：分解动作，坐下、二。

　　　起立、二。

要领：听到"坐下"的口令，左小腿在右小腿后迅速交叉，听到"二"的口令迅速坐下。听到"起立"的口令，全身协力迅速起立，听到"二"的口令，左脚靠拢右脚成立正姿势。

（2）蹲下、起立分解动作练习。

口令：分解动作，蹲下、二。

　　　起立、二。

要领：听到"蹲下"的口令，右脚迅速后撤半步，听到"二"的口令迅速蹲下，臀部坐在后脚跟上，两手自然放在两膝上，上体保持正直。听到"起立"的口令，全身协力迅速起立，听到"二"的口令，右脚靠拢左脚恢复立正姿势。

2．连贯动作练习。按坐下、蹲下、起立的要领，反复练习。

八、脱帽、戴帽、夹帽

目的：学会脱帽、戴帽、夹帽的动作要领。

内容：（一）脱帽；（二）戴帽；（三）夹帽。

（一）脱帽（图 3-22）

口令：脱帽。

要领：立姿脱帽时，双手捏帽檐或者帽前端两侧，将帽取下，取捷径置于左小臂，帽徽朝前，掌心向上，四指扶帽檐或者帽墙前端中央处，小臂略成水平，右手放下。

坐姿脱帽时，双手捏帽檐或者帽前端两侧，将帽取下，置于桌（台）面前沿左侧或者膝上，使帽顶向上、帽徽朝前，也可以置于桌斗内。

图 3-22　脱帽

（二）戴帽

口令：戴帽。

要领：双手捏帽檐或者帽前端两侧，取捷径将帽迅速戴正。

携枪（筒）时，用左手脱帽、戴帽。

（三）夹帽（作训帽除外）（图 3-23）

口令：夹帽。

要领：双手捏帽檐或者帽前端两侧，取捷径将帽取下，左手握帽墙

（女警察戴卷檐帽时，将四指并拢，置于下方帽檐与帽墙之间），小臂夹帽自然伸直，帽顶向左，帽徽朝前。

图 3-23　夹帽

[动作要求]

脱帽、戴帽、夹帽，要迅速、准确、熟练，节奏感强。动作要领可归纳为：一快、一稳、两准、两正。

一快：脱帽、戴帽动作要快；

一稳：上体保持正直姿势，动作节奏要明显；

两准：双手捏帽檐位置准、左手托握帽的动作要准；

两正：将帽置于左小臂，帽徽向前的方向要正；双手将帽迅速戴正。

[练习动作技巧]

1. 掌握脱帽、戴帽、夹帽的方法。脱帽、戴帽、夹帽时，注意上体保持正直，双手捏帽檐或帽前端两侧向上、前取下，不得歪头、低头。

2. 把握好动作的节奏。做脱帽、戴帽、夹帽时，要迅速准确地将帽脱帽、戴帽、夹好，并且在脱帽、戴帽、夹帽过程中，动作要快、要稳，使动作节奏分明。

[易犯问题与纠错]

1. 脱帽、戴帽时，歪头、低头。

纠正方法：脱帽、戴帽时，注意上体保持正直，两手将帽脱出头顶，再平行向前、向下；取帽时，挺颈、收下颌，保持头不动。

2. 小臂不平，帽徽不正。

纠正方法：将帽脱下后，置于左小臂，帽徽向正前，左大臂贴于左肋，肘部略成直角，使小臂略成水平。

3. 帽未戴正。

纠正方法：两手迅速将帽戴上，利用稍息的时间将帽戴正，再将手放下。

[组织练习]

1. 分解动作练习。

（1）脱帽、戴帽分解动作练习。

口令：分解动作，脱帽、二、三。

　　　　戴帽、二、三。

要领：听到"脱帽"的口令，两手迅速捏帽檐；听到"二"的口令，将帽取下；听到"三"的口令，右手放下，恢复立正姿势。

戴帽可按脱帽的相反动作实施。

（2）夹帽、戴帽分解动作练习。

口令：分解动作，夹帽、二、三。

　　　　戴帽、二、三。

要领：听到"夹帽"的口令，两手迅速捏帽檐；听到"二"的口令，将帽取下；听到"三"的口令，右手放下，恢复立正姿势。

戴帽可按夹帽的相反动作实施。

2. 连贯动作练习。按脱帽、戴帽、夹帽的要领反复练习。

九、宣誓

口令：宣誓、宣誓完毕。

要领：听到"宣誓"的口令，身体保持立正姿势，右手握拳取捷径迅速抬起，拳心向前，稍向内合；拳眼约与右太阳穴同高，距离约 10 厘米；右大臂略平，与两肩略成一线；高声诵读誓词。

十、整理着装

口令：整理着装、停。

要领：两手（持自动步枪时，将枪夹于两腿间）从帽子开始，自上而下，将着装整理好（必要时，也可以相互整理）；整理完毕，自行稍息；听到"停"的口令，恢复立正姿势。（图 3-24）

图 3-24　整理着装

[思考与实践]

1. 对本章内容的思考和总结。

_____

_____

_____

_____

2. 仍存在的问题或不足。

_____

_____

_____

_____

3. 可以进一步提升的方面。

_____

_____

_____

_____

第四章

警察班队列动作

目的：学会和掌握警察班队列动作要领和组织练习的方法，培养良好的警察姿态，为其他训练打下良好的基础。

内容：

一、集合、离散

二、整齐、报数

三、出列、入列

四、行进、停止

五、队形变换

六、方向变换

一、集合、离散

（一）集合

集合是使单个军人、分队、部队按照规范队形聚集起来的一种队列动作。

集合时，指挥员应当先发出预告或者信号，如"全连注意"或者"×排注意"，然后，站在预定队形的中央前，面向预定队形成立正姿势，下达"成××队——集合"的口令。所属人员听到预告或者信号，原地面向指挥员成立正姿势；听到口令，跑步到指定位置面向指挥员集合（在指挥员后侧的人员，应当从指挥员右侧绕过），自行对正、看齐，成立正姿势。重点介绍班集合。

班集合（图4-1）。

口令：成班横队（二列横队）——集合。

要领：基准兵迅速到班长左前方适当位置，成立正姿势；其他士兵以基准兵为准，依次向左排列，自行看齐。

成班二列横队时，单数士兵在前，双数士兵在后。

口令：成班纵队（二路纵队）——集合。

要领：基准兵迅速到班长前方适当位置，成立正姿势；其他士兵以基准兵为准，依次向后排列，自行对正。

成班二路纵队时，单数士兵在左，双数士兵在右。

示范：

图4-1　班集合

（二）离散

离散，是使列队的单个军人、分队、部队各自离开原队列位置的一种队列动作。

1. 离开。

口令：各营（连、排、班）带开（带回）。

要领：队列中的各营（连、排、班）指挥员带领本队迅速离开原列队位置。

2. 解散（图 4-2）。

口令：解散。

要领：队列人员迅速离开原列队位置。

示范：

图 4-2　解散

二、整齐、报数

（一）整齐

整齐，是使列队人员按照规定的间隔、距离，保持行、列平齐的一种队列动作。整齐分为向右（左）看齐（图 4-3）和向中看齐。

口令：向右（左）看——齐。

　　　向前——看。

要领：基准兵不动，其他士兵向右（左）转头（持枪时，听到预令，迅速将枪稍提起，看齐后自行放下；持 120 反坦克火箭筒时，听到预令，左手握提把，右手握握把，提起发射筒，看齐后自行放下），眼睛看右（左）邻士兵腮部，前四名能通视基准兵，自第五名起，以能通视到本人以右（左）第三人为度；后列人员，先向前对正，后向右（左）看齐；听到"向前——看"的口令，迅速将头转正，恢复立正姿势。

口令：以×××为准（或者以第×名为准），向中看——齐。

向前——看。

要领：当指挥员指定"以×××为准（或者以第×名为准）"时，基准兵答"到"，同时左手握拳高举，大臂前伸与肩略平，小臂垂直举起，拳心向右；听到"向中看——齐"的口令后，其他士兵按照向左（右）看齐的要领实施；听到"向前——看"的口令后，基准兵迅速将手放下，其他士兵迅速将头转正，恢复立正姿势。

一路纵队看齐时，可以下达"向前——对正"的口令。

示范：

图4-3　向右看齐

（二）报数

口令：报数。

要领：横队从右至左（纵队由前向后）依次以短促洪亮的声音转头

（纵队向左转头）报数，最后一名不转头；数列横队时，后列最后一名报"满伍"或者"缺×名"；连集合时，由指挥员下达"各排报数"的口令，各排长在队列内向指挥员报告人数，如"第×排到齐"或者"第×排实到××名"。

三、出列、入列

（一）出列（图4-4）

单个军人和分队出列、入列，通常用跑步，5步以内用齐步，1步用正步，或者按照指挥员指定的步法执行；然后，进到指挥员右前侧适当位置或者指定位置，面向指挥员成立正姿势。

图4-4　出列

口令：×××（或者第×名），出列。

要领：出列军人听到呼点自己姓名或者序号后应当答"到"，听到"出列"的口令后，应当答"是"。

（1）位于第一列（左路）的军人，按照本条上述规定，取捷径出列。

（2）位于中列（路）的军人，向后（左）转，待后列（左路）同序号的军人向右后退1步（左后退1步）让出缺口后，按照本条的上述规定从队尾（纵队时从左侧）出列；位于缺口位置的军人，待出列军人出列后，即复原位。

（3）位于最后一列（右路）的军人出列，先退1步（右跨1步），然后，按照本条有关规定从队尾出列。

（二）入列

口令：入列。

要领：听到"入列"的口令后，应当答"是"，然后，按照出列的相反程序入列。

四、行进、停止

横队和并列纵队行进以右翼为基准，纵队行进以左翼为基准（一路纵队行进以先头为基准）。

（一）行进（图4-5）

指挥员应当下达"×步——走"的口令。听到口令，基准兵向正前方前进，其他士兵向基准翼标齐，保持规定的间隔、距离行进。纵队行进时，排、连通常成三路纵队，也可以成一、二路纵队。行进中，需要时，用"一二一"（调整步伐的口令）、"一二三四"（呼号）或者唱队列歌曲，以保持步伐的整齐和振奋士气。

图 4-5 行进

（二）停止

指挥员应当下达"立——定"的口令。听到口令，按照立定的要领实施，分队的动作要整齐一致；停止后，听到"稍息"的口令，先自行对正、看齐，再稍息。

五、队形变换

队形变换，是由一种队形变为另一种队形的队列动作。

（一）横队和纵队的互换

1. 横队变纵队。

停止间口令：向右——转。

行进间口令：向右转——走。

2. 纵队变横队。

停止间口令：向左——转。

行进间口令：向左转——走。

（二）停止间班横队和班二列横队，班纵队和班二路纵队互换

1. 班横队变班二列横队。

口令：成班二列横队——走。

要领：变换前，先报数。听到口令，双数士兵左脚后退 1 步，右脚（不靠拢左脚）向右跨 1 步，左脚向右脚靠拢，站到单数士兵之后，自行对正、看齐。

2. 班二列横队变班横队。

口令：间隔 1 步，向左离开。

成班横队——走。

要领：听到"间隔 1 步，向左离开"的口令，取好间隔；听到"成班横队——走"的口令，双数士兵左脚左跨 1 步，右脚（不靠拢左脚）向前 1 步，左脚向右脚靠拢，站到单数士兵左侧，自行看齐。

3. 班纵队变班二路纵队（图4-6）。

图 4-6 班纵队变班二路纵队

口令：成班二路纵队——走。

要领：变换前，先报数。听到口令，双数士兵右脚右跨 1 步，左脚（不靠拢右脚）向前 1 步，右脚向左脚靠拢，站到单数士兵右侧，自行对正、看齐。

4. 班二路纵队变班纵队。

口令：距离 2 步，向后离开。

成班纵队——走。

要领：听到"距离 2 步，向后离开"的口令，取好距离；听到"成班纵队——走"的口令，双数士兵右脚后退 1 步，左脚（不靠拢右脚）站到单数士兵之后，自行对正。

六、方向变换

方向变换，是改变队列面对的方向的一种队列动作。

（一）横队和并列纵队方向变换

停止间，通常是左（右）转弯或者左（右）后转弯，必要时可以向后转。

停止间口令：左（右）转弯，齐（跑）步——走［或者左（右）后转弯，齐（跑）步——走］。

向后——转，齐（跑）步——走（当需要向后转走时，应当先下"向后——转"的口令，待方向变换后，再下"齐步——走"或者"跑步——走"的口令）。

行进间口令：左（右）转弯——走［或者左（右）后转弯——走］。

要领：一列横队方向变换时，轴翼士兵踏步，并逐渐向左（右）转动；外翼第一名士兵用大步行进并同相邻士兵动作协调，逐步变换方向（愈接近轴翼者，其步幅愈小），其他士兵用眼睛的余光向外翼取齐，并保持规定的间隔和排面整齐，转到90度或者180度时踏步并取齐，听口令前进或者停止。

数列横队和并列纵队方向变换时，第一列轴翼士兵停止间用踏步、行进间用小步，外翼士兵用大步行进，保持排面整齐，边行进边变换方向，转到90度或者180度后，听口令前进或者停止；后续各列按照上述要领，保持间隔、距离，取捷径进到前一列转弯处，转向新方向跟进。

（二）纵队方向变换（图4-7）

停止间，通常是左（右）转弯，或者左（右）后转弯，必要时可以向后转。

停止间口令：左（右）转弯，齐（跑）步——走〔或者左（右）后转弯，齐（跑）步——走〕。

向后——转，齐（跑）步——走（按照横队和并列纵队向后转走的方法实施）。

行进间口令：左（右）转弯——走〔或者左（右）后转弯——走〕。

要领：一路纵队方向变换，基准兵在左（右）转弯时，按照单个军人行进间转法（停止间，左转弯走时，左脚先向前1步）的要领实施，在左（右）后转弯时，用小步边行进边变换方向，转到90度或者180度后，照直前进；其他士兵逐次进到基准兵的转弯处，转向新方向跟进。

图4-7　纵队方向变换

[思考与实践]

1. 对本章内容的思考和总结。

_____

_____

_____

_____

2. 仍存在的问题或不足。

_____

_____

_____

_____

3. 可以进一步提升的方面。

_____

_____

_____

_____

第五章

队列会操的组织与实施

平时的队列动作考核通常是以队列会操的形式出现的。队列会操是组织所属单位集中进行的操练。目的是检验所属单位队列训练的效果，便于互相观摩学习，以调动练兵积极性，促进队列训练水平的提高。

队列会操的时机和规模不尽相同。小型会操的时间、人员、方式灵活多样，可在每次训练结束前或一个训练内容完成后进行。大型会操，是指一个单位利用专门的时间，对所属单位进行的操练。队列会操通常是在队列课目训练完成之后，或在半年、年终进行。

一、队列会操的组织准备

队列会操的组织准备工作一定要严密。一般包括以下三个内容：

一是确定并下达会操任务。主要明确参加会操的单位、会操的目的、会操的内容、时间、地点、方式、各单位列队的位置等。

二是评判人员的组成及评分细则。组织有关人员组成评判组，并依据《队列条令》，制定出评分细则。

三是培训评判人员。使评判人员了解会操的内容，熟悉评分细则，明确评判人员的分工及协作方法。为使会操评判的标准尺度相对平等合理，在人员充裕的情况下，可将分工细致一些。单个队列动作可每人观察一个部分，如头部、上体、下肢、脚部等每个部位由专人负责检查。分队队列动作可分为：指挥员的动作（包括指挥口令、指挥位置、指挥程序、个人动作等）、分队动作（包括整体的整齐性、个人动作、队列纪律、精神面貌等），由专人负责检查评定。

二、队列会操的过程

（一）队列会操前的工作

会操前，会操的组织者要调整队伍，整理着装，向在场首长报告应到、实到会操人数，并请示是否开始。然后，宣布课目、目的、会操内容、方法、顺序及要求等，之后，命令第一个单位出列作业（先后顺序可按编制序列，也可用抽签的方法确定）。

（二）队列会操的实施

参加会操的单位跑步带入场地后，指挥员应组织整理着装、整齐报数，向会操的组织者报告；然后，宣布作业提要（如参加单位较多，为节省时间，可规定不做这项内容）；按规定的内容开始作业。

作业结束之后，整理队伍向会操的组织者报告，并将本分队跑步带回到原列队位置。当前一个单位带回的同时，会操的组织者命令下一个单位带入场内，以后依此类推。

队伍会操中，评判人员应认真进行评判，并将评判结果尽快地向会操的组织者报告。

（三）队列会操讲评

队列会操完毕后，组织者应对会操情况进行讲评。讲评内容一般包括：

1. 简要说明会操内容及目的的达成情况。

2. 会操中的优缺点、表扬好的单位（必要时可将会操情况列出名次）。

3. 讲评各单位的队列纪律、作风情况。

4. 对今后队列训练提出要求。

讲评结束后，会操的组织者向在场的首长报告（首长讲评时，待首长讲完后），命令各单位按顺序带回。

三、组织队列会操的要求

队列会操是对队列训练成果的检验和比赛，目的要明确，指导思想要正确。正确的指导思想可以促成你追我赶、不甘落后、积极向上的良好风气，促进队列训练的开展。反之，就会出现弄虚作假、互不服气的现象，产生与会操目的相背离的消极作用。因此，队列会操的要求是：

1. 各单位在参加会操时，不能为争名次而拼凑人员。参加会操的分队要严格按建制（或按规定的人数）组成。

2. 不能为了动作的整齐和美观，而另行规定一些违背条令的动作。

3. 成绩评定要公正，评判人员不能心存偏见，打“印象分”“照顾分”“感情分”，要客观公正、实事求是地评定成绩。

[思考与实践]

1. 对本章内容的思考和总结。

_____

_____

_____

_____

2. 仍存在的问题或不足。

_____

_____

_____

_____

3. 可以进一步提升的方面。

_____

_____

_____

_____

第六章

警察的职业素养

警察队列队形与队列指挥训练是检验和培养警察职业素养的重要途径。警察必须认识到队列训练的重要性，主动投入训练，将其作为提升专业能力、履行职责的机会。警察要时刻保持良好的职业道德和纪律观念，严格遵守训练规范，与同僚协作配合，完成训练任务。队列训练可以强化警察的组织观念、纪律性和集体荣誉感，是警察身份认同、价值塑造的重要过程。通过队列训练，警察可以在职业技能提升的同时，更好地发挥维护社会稳定的作用和形象。

一、职业意识

1. 队列训练是检验警察组织纪律观念的重要方式。警察要牢记队伍的集体荣誉，树立"一人是全体，全体是一人"的集体主义理念，增强队伍凝聚力。

2. 警察应以饱满的工作热情投入队列训练，把训练作为坚定为人民服务宗旨的重要途径，将提高个人素质与履行职责结合起来。

3. 警察要严格遵守训练纪律，服从教官的组织安排，与其他队员保持密切配合，维护队伍的团结统一。只有组织纪律性强的队伍，才能成为一支高效的警察力量。

二、专业素养

1. 警察要掌握队列变化的灵活应用，能够根据指挥员的命令，迅速进行各种队形的变换，完成不同的任务需要。这需要警察对各种队列队形都了然于胸，能够熟练转换。

2. 警察要适应岗位的不同体能要求，培养持久作战的体力。如警员需要长时间站岗，应具备良好的立体稳定性；防暴警察需要爆发力与抗打击能力；特种警察需要耐力与柔韧性等。这需要警察从自身实际出发，针对性进行体能训练。

3. 在训练和任务中，警察既要发挥模范带头作用，又要关心、爱护普通队员。模范者应以身作则，激励其他队员的积极性；同时要关心后进警员，耐心指导，共同进步。

4. 警察要根据具体情况，果断采取对应措施，保证训练和任务的顺利完成。这需要警察具备根据现场情况进行快速判断和决策的能力，才能应对各种复杂情况，确保任务推进。

三、技能要求

1. 警察要熟练使用哨子、旗语等非语言信号进行队列指挥，确保指令的明确和准确。熟练运用手势和哨音组合，既能起到训练控制作用，也适用于复杂环境下的无声指挥。

2. 警察的语言表达要清晰流畅，队列训练中的口令下达要快速准确。语言指挥需要标准的警务术语和清晰的发音，才能确保指令不产生歧义，使队员迅速做出正确反应。

3. 警察要养成良好的用后维护装备的习惯，保证武器装备的良好状态。日常维护要规范，定期维修保养要到位，发现问题要及时报修。只有装备状态良好，才能保证执勤和训练顺利开展。

四、心理素质

1. 警察在面对重大突发事件时，需要保持清醒的头脑，准确听取上级指挥，迅速做出反应。不能被重大突发事件冲昏头脑，需要冷静分析情况，稳定情绪，正确执行指令，方可有效处置事件。此时要坚决服从命令，增强使命感与荣誉感，保证任务正确执行。

2. 警察要时刻牢记人民利益高于一切的根本宗旨，秉持维护公平正义的职责使命，坚决维护社会正义，依法平等对待每一位公民，无私服务人民。面对可能影响公平正义的情况，警察都需要秉持理性与原则，恪尽职守，始终站在人民角度思考问题。

3. 警察在工作中需要善于与外界群众进行有效沟通，用温和、专业的态度回应民众诉求，增进相互理解，树立警察的良好公仆形象。同时还需要具备同犯罪分子对抗的刚强意志与勇气。严明纪律与文明执法并重，树立敬畏生命、敬畏人民的警察形象。

五、持续发展

1. 警察工作中遇到新的情况或问题时，要主动学习相关知识，大胆尝试探索新的应对方法。警务工作具有很强的时效性，警察要具有持续学习精神，具备应对各类新情况的能力。学习要与实践相结合，在实践中积累经验，开拓视野。

2. 警察要充分利用队伍资源，向工作中优秀的同事学习其专长技能，使自己由"全面型"警察向"专家型"警察转变，实现自我的持续成长。既要学习同事的专业知识技能，也要学习其工作态度和方法。在学习中要保持谦逊态度，主动请教。

3. 警察要在工作中不断总结经验教训，反思存在的不足，明确改进方向，持续提高工作水平。要坚持定期写工作总结，与他人沟通思考，并将理论结合实际行动，促进综合能力的提升。在这个过程中也要学会处理成功失败，持续保持进取心态。

[思考与实践]

1. 对本章内容的思考和总结。

_____

_____

_____

_____

_____

2. 仍存在的问题或不足。

_____

_____

_____

_____

_____

3. 可以进一步提升的方面。

_____

_____

_____

_____

_____

第七章

警务礼仪

一、警务礼仪的重要性

(一) 个人形象与组织形象的关系

在警察队伍中，每位警察的言行举止不仅代表个人，也直接反映着整个组织的形象。良好的个人形象能够增强公众的信任感，树立警察队伍的专业性和权威性，进而提升组织的整体形象。反之，如果个别警察的行为不当或违反规定，可能会给公众留下负面印象，降低公众对整个警察队伍的信任和支持。

(二) 礼仪对于建立公众信任的作用

通过遵循一套明确的礼仪规范，警察可以展现出专业、可靠的形象，从而赢得公众的尊重和信任。良好的礼仪不仅体现在着装整洁、言谈举止得体上，更重要的是体现在对待每一位公民的态度上。礼貌待人、尊重他人权利、公平执法都是构建信任的基础。当警察展现出这些品质时，公众会感到自己的权益得到了保护，进而更加支持警察的工作。

二、警务礼仪的基本原则

(一) 尊重原则

尊重原则是警务礼仪的核心之一，要求警察在执行公务时始终表现出对他人的尊重。尊重每个人的尊严和个人权利，包括尊重对方的文化背景、个人隐私等。

(二) 平等原则

在警务工作中，每个人都应得到平等对待，不论其社会地位、经济状况或身份背景，平等原则要求公正无偏见地对待每一个人，避免任何形式的歧视，确保每个人的权利和尊严得到同等的尊重和保护。

(三) 自律原则

要求警察始终保持高标准的职业道德和个人品行，自觉遵守法律法规和职业规范。在任何情况下都要坚持正义，避免滥用职权，维护个人的廉洁形象，以实际行动体现警察队伍的高度责任感和专业精神。

(四) 适度原则

在执行警务活动时采取恰当的行动，确保使用的手段与情况相匹配，避免过度使用力量或权力，在必要时使用适当的强制措施，确保这些措施符合法律规定且不过度，以维护公众的信任和社会秩序。

三、队列队形训练中的礼仪规范

1. 制服的正确穿着方式。制服不仅是警察身份的象征，也是警察专业形象的重要组成部分。正确的制服穿着方式不仅能够展示警察的职业素养，还能增强公众的信任感。以下是关于制服正确穿着方式的详细指南：

（1）制服的选择与准备。

第一，选择合适的尺码：确保制服合身，既不能过于宽松也不能过紧。过大的制服会影响外观的整洁度，而过紧则可能限制身体的活动范围。

第二，定期清洗和熨烫：制服应当保持清洁，没有污渍和褶皱。定期清洗并使用熨斗整理制服，以确保外观整洁。

第三，配饰和标志：确保所有的徽章、肩章和其他配饰都正确佩戴，没有磨损或损坏。

（2）上衣的穿着。

第一，衬衫：衬衫应当干净整洁，领口和袖口要整齐，扣子全部扣好。衬衫下摆应当完全塞入裤腰内。

第二，夹克/外套：如果穿着夹克或外套，确保它们同样整洁，拉链或扣子应当完全闭合，除非是在高温环境下工作时才允许适当打开。

第三，肩章：肩章应当正确放置，确保两边对称且平直。

（3）下装的穿着。

第一，裤子：裤子应当平整无皱，裤腿长度合适，不应过长或过短。裤脚应当恰好覆盖鞋面，但不要拖地。

第二，皮带：使用规定的皮带款式，并确保皮带扣紧，没有松动现象。皮带上的装备应当按照规定的位置摆放。

（4）配饰的佩戴。

第一，帽子：帽子应当正确佩戴，帽檐平直，不得歪斜。在室内时，除非有特殊规定，否则通常不需要戴帽。

第二，鞋子：穿着规定的黑色或深色皮鞋，保持光亮，没有灰尘或磨损。鞋带应当系紧，确保鞋面平整。

第三，领带/领结：如果制服包含领带或领结，则需确保它们正确打结，位置居中，没有歪斜。

（5）其他注意事项。

第一，个人卫生：保持良好的个人卫生习惯，包括头发整洁、指甲修剪整齐、面部清洁等。

第二，配饰限制：除了必需的装备外，尽量减少佩戴额外的装饰品，以免影响专业形象。

第三，季节性变化：根据季节的变化适时调整制服类型，如冬季穿保暖衣物等。

2. 个人卫生及整洁标准。个人卫生及整洁标准是警务人员形象管理的重要组成部分，它直接关系到警察队伍的整体形象和公众的信任度。

（1）个人卫生。

第一，面部清洁：每日清洁面部，确保无油渍、无明显污迹。男性警察应当保持胡须整洁，若剃须则需保持干净，不留胡茬。

第二，头发护理：头发应当保持清洁，不宜过长。男性警察的发型应当简洁、整齐，不宜留长发；女性警察的发型应当得体，避免过于夸张的造型。头发颜色应自然，避免染成过于鲜艳的颜色。

第三，口腔卫生：保持良好的口腔卫生习惯，每日刷牙至少两次，使用牙线清理牙缝，必要时使用漱口水，确保口气清新。

第四，指甲修剪：手指甲和脚指甲应当保持干净整洁，定期修剪，避免过长或藏污纳垢。

第五，身体气味：每日淋浴或洗澡，使用适量的香水或除臭剂，以保持身体清爽，避免使用味道过于浓烈的产品。

第六，皮肤护理：保持皮肤健康，使用适合自己的护肤品，预防皮肤疾病。

（2）整洁标准。

第一，制服穿着：警察制服的整洁与规范是展现职业形象的重要方面。制服应保持干净、无褶皱，衬衫下摆必须完全塞入裤腰内，确保裤子平整，裤脚长度适中，既不拖沓也不过短。鞋子需保持光亮，无灰尘或磨损痕迹。帽子的正确佩戴同样重要，帽檐应平直，不得歪斜。至于配饰，徽章、肩章等应正确佩戴，无磨损或损坏，领带或领结需打结得当，位置居中，皮带整洁，装备按规摆放，以确保整体形象的端庄和专业。

第二，个人物品：警察应保持随身携带的个人物品如钱包和手机整洁且无明显破损，同时避免携带过多不必要的物品。随身装备，包括对讲机和手铐等，需保持清洁并确保功能正常，且应按规定方式佩戴，避免随意悬挂。

四、队列中的行为准则

（一）队列中的站姿、走姿

在警察队列训练中，正确的站姿和走姿非常重要。站姿要求双脚分开与肩同宽，背部挺直，双臂自然下垂，头部抬起，保持面部表情自然。走姿则需从立正姿势开始，左脚迈出第一步，保持步幅一致，每步大约75厘米，脚步轻盈，避免脚步声过大。在行进中，保持身体直立，视线平视前方约10~15米处，双手轻轻握拳，手臂自然摆动。这些基本的动作不仅体现了警察的专业形象，也保证了队列的整齐和协调。

（二）行进间的相互配合与协调

队员们需要保持一致的步伐，确保每一步的距离和速度相同，以维持队形的整齐。要求队员们不仅要掌握正确的走姿，还要通过视觉和听觉信号与周围的队友保持同步，同时指挥员的口令和手势是协调队伍的关键，队员们需要准确响应，以确保整个队伍的移动如同一体。

（三）指挥员与队员之间的互动礼仪

指挥员应当以清晰、坚定的声音下达口令，确保每个队员都能够听到并理解指令。队员们需要迅速响应指挥员的口令，展现出尊重和服从的态度。双方都应该保持专注和专业，在交流中使用正式的语言，并在必要的时候给予正面的反馈或提出建设性的意见。此外，指挥员应当及时鼓励队员提出疑问或建议，以便不断改进训练方法和提高队伍的整体表现。

五、敬礼礼仪

在警察队列训练中，敬礼是一种重要的礼仪形式，用于表达尊敬和服从。敬礼通常在特定的时机和场合进行，如当高级官员或贵宾进入或离开队列时，或是向国旗致敬时。在队列中，当听到"敬礼"的口令时，队员们应迅速将右手举至额头右侧上方，手指并拢，拇指贴紧食指第二节，保持手臂与地面平行，同时保持目光平视前方，直到听到"礼毕"的口令为止。在非队列环境中，当遇到上级或在特定仪式场合时，也应该行礼以表示尊重。正确的敬礼姿态不仅展现了个人的专业素养，也是对组织纪律的一种体现。

六、队列指挥的礼仪

（一）指挥员的角色与职责

1. 指挥员应具备的素质。指挥员需要拥有强烈的责任感和领导能力，能够在各种情况下保持冷静和果断。他们应当熟悉队列训练的所有程序和标准，能够准确无误地下达口令和手势。此外，良好的沟通技巧也是必不可少的，这有助于确保队员们的理解和配合。指挥员还需要具备一定的心理素质，能够在压力下保持稳定，鼓舞士气，并处理突发状况。同时，他们还需要具备一定的体能和耐力，以确保在长时间的训练中保持精力充沛。这些素质共同确保了指挥员能够有效地领导和指导队员完成训练任务。

2. 指挥员与被指挥者的关系维护。指挥员应当展现出领导力和专业素养，同时保持开放和尊重的态度，与队员建立互信的关系。包括：明确沟通预期目标，提供及时的反馈，以及在必要时给予指导和支持。同时，指挥员要倾听队员的意见和建议，鼓励团队合作精神。

被指挥者则应当表现出服从和尊重，积极回应指挥员的指令，同时也可在适当的时候提出建设性的意见。

（二）口令与手势的使用

1. 口令的标准发音技巧。指挥员应当使用清晰、响亮且有力的声音来发出口令，确保所有队员都能听到并理解。发音时要注意吐字清晰，语速适中，避免含糊不清。此外，使用正确的音量也很重要，既要足够响亮以覆盖整个队伍，又不能过于刺耳。在发出口令时，指挥员还应注意语气的一致性，以保持队列训练的专业性和纪律性。

2. 手势的规范运用。指挥员应当使用明确、一致的手势来辅助口令，确保队员们能够准确理解并执行命令。手势应当简洁明了，动作幅度适中，避免过度夸张。通过规范的手势运用，指挥员能够更有效地控制队列的行动，确保训练的顺利进行。

3. 特殊情况下非言语指令的应用。当环境嘈杂或在执行秘密任务时，指挥员可能会使用预先约定的手势或信号来替代口头指令。这些非言语指令应当简洁明了，易于识别，以确保队员能够迅速理解并作出反应。例如，在需要悄无声息地前进时，指挥员可以通过轻轻指向前进方向的手势来指示队员。在紧急撤离的情况下，可以通过特定的手势来指示队员按预定路线撤离。通过这种方式，即使在无法使用声音的情况下，也能保持队伍的协调一致，确保任务的成功完成。

（三）队列指挥中的沟通艺术

1. 明确指令的艺术。指挥员应当使用简洁、清晰的语言来发出口令，确保每个队员都能迅速理解并做出响应。在给出指令时，应当避免使用模糊不清或冗长复杂的语言，而是采用直接而具体的措辞。此外，重复关键点可以帮助强化指令的记忆。例如，在发出"向左转"指令时，可以简单地说："向左转"，并在必要时加上手势辅助。通过这种方式，指挥员不仅能够提高队员的执行力，还能增强队伍的整体表现和协调性。

2. 正面反馈与建设性批评。指挥员应当在队员表现出色时给予及时的肯定和表扬，这不仅能增强队员的信心，还能激励其他队员效仿。同时，在需要改进的地方，指挥员应当以建设性的方式提出批评，指出不足之处，并提供具体的改进建议。这种平衡的反馈方式有助于队员们认识到自己的优点和需要改进的地方，从而促进个人成长和团队的整体进步。

3. 处理突发事件的礼仪。首要任务是保持冷静，通过情绪控制避免恐慌情绪的扩散，并进行理性判断以迅速评估情况，确定优先处理的事项。处理过程中，内部沟通至关重要，要与其他队员、组织者及相关人员进行紧急协调，确保信息共享。

七、不同场景下的队列礼仪

（一）重大活动的礼仪要求

警察队伍需要保持制服整洁、着装规范，展现出专业和严肃的形象。在活动中，警察应当保持良好的站姿和走姿，展现出高度的纪律性和协调性。对于上级官员和贵宾，警察应当按规定行礼，体现出尊重和服从的态度。此外，在活动期间，警察需要保持高度警惕，随时准备应对突发事件，确保活动现场的安全和秩序。

（二）日常巡逻中的礼仪细节

保持制服整洁、仪表端庄，以及与公众交流时的礼貌和尊重。警察应当主动问候遇到的公众，并以友好的态度回答问题或提供帮助。在必要时，应当以清晰、礼貌的方式进行询问和检查。遇到紧急情况时，警察应当迅速采取行动，同时保持冷静和专业，确保公众的安全。

（三）应急处置中的礼仪考量

在应急处置中，警察要保持冷静，迅速评估情况并确定优先处理事项。

应当与其他队员和相关部门保持良好的沟通，确保信息准确传递。在与公众互动时，警察应当保持礼貌和耐心，提供清晰的信息并指导公众采取安全措施。遇到紧急医疗情况时，警察应当提供必要的急救措施，并及时联系医疗机构。

[思考与实践]

1. 对本章内容的思考和总结。

2. 仍存在的问题或不足。

3. 可以进一步提升的方面。

附录

警察队列常识

1. 黄埔军校队列传统：建立标准化军事队列训练体系

2. 奥运正步启示：2008 年北京奥运开幕式千人正步表演展现纪律美学

3. 瑞士阅兵传统：每年 8 月 1 日国庆阅兵

4. 拿破仑方阵：滑铁卢战役法军方阵体现古典队列战术

5. 警姿心理效应：标准跨立姿势可提升威慑感知度

6. 元朝怯薛军：专业仪仗队编制达万人规模

7. 抗美援朝经验：志愿军夜袭战术要求闭口携装队列行进

8. 防暴队形演进：现代防暴楔形队形源自古罗马龟甲阵改良

9. 警用旗语系统：海事信号旗改编的战术指挥手势

10. 明代戚家军：独创"鸳鸯阵"实现最小作战单元队列配合

11. 清宫侍卫选拔：大内侍卫需通过队列灵敏度测试

12. 古罗马百人队：基本战术单元由 80 人组成双排纵深队列

13. 警用激光校线仪：现代训练使用红色激光确保排面标齐

14. 阅兵生物力学：脚掌着地时冲击力强，需专用减震鞋垫

15. 拜占庭骑兵阵：楔形冲锋队形仍用于现代骑警

16. 警笛声频标准：指挥用哨音穿透嘈杂环境

17. 战国车阵考：曾侯乙墓出土战车显示五车编组协同队列作战模式

18. 防弹盾阵列：现代处突队形要求盾牌间隙防投掷物穿透

19. 警姿血流学：立正姿势下肢静脉回流效率比放松站姿高

20. 维京盾墙战术：圆盾拼接误差控制，启发防暴盾墙训练标准

21. 智能训练系统：AI 姿态评估仪可实时捕捉角度偏差

22. 高原队列适应：海拔 3000 米以上需将训练强度下调

23. 拿破仑近卫军：阅兵步速成为现代分列式基准节奏

24. 斯巴达方阵教育：7 岁男童开始接受 8 人制基础队列训练

25. 抗眩晕训练：旋梯课目可提升队列行进中定向能力

26. 清宫健锐营：选拔考核含蒙眼走百步队列不偏轴的平衡测试

27. 现代标齐科技：无人机航拍技术可将千人方阵标齐耗时缩短

28. 战国弩兵阵：湖北出土竹简精确记载三排轮射队列间距

29. 防暴水炮车：现代驱散队形要求控制水压梯度

30. 拜占庭军制：十人小队设双队长防阵型断裂

31. 骨骼应力分析：长期正步训练需监控跗骨疲劳性骨折风险

32. 马其顿方阵：长矛需保持仰角方阵才具杀伤力

33. 警犬协同队列：防暴犬与队员保持动态间距

34. 明代狼筅兵：长兵器需双人配合维持队列稳定

35. 低温适应性：低温环境下单次训练时长缩短

36. 激光模拟对抗：红蓝对抗系统中弹道测算误差极小

37. 波斯不死军：公元前 5 世纪万人仪仗队可保持排面精度

38. 日本战国足轻：长枪队列训练要求枪尖高度差小

39. 拿破仑鼓谱：近卫军鼓点对应不同队形变换指令

40. 西夏铁鹞子：重骑兵连环马队列用铁链保持间距

41. 拜占庭海军：舰船楔形队列首创接舷战术标准

42. 印加帝国：用彩绳结记录万人方阵坐标定位系统

43. 西班牙方阵：火枪手与长矛手队列比例严格按比例配置

44. 脊柱压力监测：持枪行进时腰椎负荷可达体重的 120%

45. 足底压力分布：正步着地时前掌承受较大冲击力

46. 肌肉耗氧量：踢正步股直肌耗氧量达静息状态数倍

47. 水合作用：训练需补充电解质溶液

48. 视觉标齐原理：利用周边视网膜提高敏感度

49. 声波干扰：强风环境下口令音量需提高

50. 法国宪兵：凯旋门换岗沿用拿破仑时期步幅标准

51. 韩国警护队：正步摆臂角度采用军事分界线特规

52. 印度边境部队：高原分列式步速降低

53. 美国特殊武器与战术部队：室内近距离战斗战术队形转换需在短时间内完成

54. 新加坡警察：阅兵式佩剑倾斜角统一

55. 以色列反恐：室内突击采用钻石队形

56. 德国边防警察：攀爬训练要求队列同步误差小

57. 加拿大骑警：马术队列跨越障碍需保持身距

58. 巴西 BOPE 特警部队：清剿采用三三制螺旋推进队形

59. 金国铁浮图：重甲骑兵用铁链连马保持队形完整

60. 明代火龙车：火箭发射车需三角队列交替装填

61. 清代抬枪营：长枪需双人队列协同操作

62. 越女剑法：古籍载剑阵转换以七步为基本位移单位

63. 诸葛连弩：蜀汉弩兵队列轮射间隔精确

64. 戚继光阵法：鸳鸯阵每小队 11 人含 5 种专业化分工

65. 压力传感鞋垫：实时监测足底压强分布云图

66. AR 标齐系统：头盔显示器投射虚拟基准线

67. 肌电监测：无线传感器检测肌肉疲劳度

68. 3D 模拟器：可生成虚拟方阵推演

69. 激光测距：自动计算横纵队间距误差值

70. 温控护具：智能材料自动调节关节温度

71. 量子计时：方阵协同误差达纳秒级别

72. 仿生外骨骼：降低队列行进能耗

73. 要人护卫：环形队形半径按威胁等级动态调整

74. 山地搜救：蛇形队列间距保持可视距

75. 核生化处置：气密队形需保证正压差值

76. 水域巡逻：船艇编队航速差控制

77. 高空索降：6 人战术队形着陆间隔

78. 地铁反恐：T 形队形确保警戒范围

79. 丛林追踪：单纵队形步幅统一

80. 废墟搜救：三角队形承重结构互锁技术

81. 夜间潜行：微光队形保持可视面接触

82. 群体同步效应：方阵成员呼吸频率差小可提升专注度

83. 压力暴露训练：模拟暴乱声效诱发实战应激反应

84. 色彩心理学：防暴盾亮蓝色涂装可降低群体攻击冲动

85. 潜意识暗示：行进口令间隔形成条件反射

86. 冻脸效应：指挥员微表情识别训练

87. 阅兵靴进化：从二战绑腿靴到碳纤维护踝靴减重

88. 战术腰带演进：20 世纪腰带承重提升至现代标准

89. 防暴盾透明率：聚碳酸酯材料透光率提升

90. 指挥旗变革：丝绸旗到反光纤维旗可视距离

91. 水壶标准化：单兵水壶从锌铁材质改为抗菌不锈钢

92. 沙漠队形：单兵横向间距扩大防流沙下陷

93. 极昼训练：北极圈内需佩戴防眩光镜维持队列标齐

94. 暴雨指挥法：使用高频哨穿透雨幕噪音

95. 楼宇回声干扰：室内队形口令需缩短

96. 电磁干扰预案：EMP 环境下保留机械秒表指挥节奏

97. 摆臂动力学：摆角可抵消行进扭矩

98. 膝关节应力：正步训练半月板承受压力

99. 腰椎保护机制：武装带应将重量转移至髋部

100. 中俄正步差异：摆臂高度差体现不同战术传统

101. 英美警姿对比：伦敦警察跨立间距比纽约警局

102. 东亚持枪礼：中日韩三国持枪角度差异小

103. 北欧防寒标准：瑞典警用冬训服比加拿大薄

104. 南拳马步：低姿警戒姿势借鉴虎蹲步稳定性

105. 太极拳原理：以柔化刚理念用于人群推挤应对训练

106. 八极拳靠劲：盾牌撞击技术融合贴山靠发力原理

107. 流星锤技法：催泪索投掷借鉴软兵器抛物线控制

108. 八卦掌步法：环形警戒队形采用趟泥步技巧

109. 区块链考勤：分布式存储训练数据防篡改

110. 5G 远程指挥：毫秒级延迟实现跨区域队列协同

111. 数字孪生应用：建立警员动作 3D 模型优化姿态

112. 脑波组网技术：Alpha 波同步指挥缩短反应时间

113. 量子加密口令：防止队形指令被电磁窃听

114. 耐热测试：迪拜警队高温环境完成持枪列队

115. 抗寒纪录：挪威特警低温环境保持标准站姿

116. 高原挑战：青藏铁路护卫队高海拔持械行进

117. 水下队形：湄公河巡警深水保持战术编组

118. 马拉松战役：希腊方阵坡度突击战术

119. 坎尼会战：汉尼拔新月阵包围启示

120. 赤壁之战：东吴船阵火攻队形布局

121. 凡尔登战役：德军突击群渗透队形

122. 仁川登陆：潮汐测算与滩头队形控制

123. 温泉关战役：斯巴达斜线队列延缓波斯军突破速度

124. 虎牢关之战：李世民玄甲军楔形阵直插敌阵心脏

125. 闪电战理论：装甲纵队行进间距保持安全距离

126. 斯大林格勒巷战：突击群采用四角相互掩护队形

127. 压力感应垫：实时显示方阵脚掌落地压强分布

128. 智能护目镜：AR 叠加虚拟标线误差仅±1 毫米

129. 骨传导指挥：水下训练使用振动波传递指令

130. 纳米定位服：光纤传感捕捉毫米级肌肉颤动

131. 日本机动队：防暴头盔护颈角度按人体工学设计

132. 南非反盗猎：直升机索降队形落地间距精确

133. 瑞士山地警：雪崩救援犬与队员保持动态距离

134. 迪拜反恐：骆驼骑兵队形适应沙丘地形起伏

135. 记忆合金鞋垫：自动适应足弓形态降低疲劳损伤

136. 消音铠甲：碳纤维复合材料可吸收踏步震动

137. 温变迷彩：智能布料随环境改变队列伪装图案

138. 磁力锁具：防暴盾快速拼接误差控制

139. 八门金锁阵：现代解读为多向警戒队形布控理论

140. 六花阵实践：警用无人机蜂群编队参考此阵型

141. 衡轭阵溯源：战国车兵错位排列防侧翼突破

142. 握奇经应用：预备队位置选择数学模型验证

143. 熔岩地带：夏威夷特警在硬化熔岩训练平衡队形

144. 核电站演练：防辐射服内队形手势增加

145. 沼泽穿越：越南特警绑腿防泥泞拖拽技术

146. 高空索降：迪拜哈利法塔演练垂直队列同步速降

147. 雁群效应：V 形队列降低行进空气阻力

148. 狼群战术：交替掩护队形参考捕猎包围策略

149. 蜂巢结构：防暴盾阵列受力分布优化模型

150. 螳螂拳理：警戒姿势融合前肢防御架式

151. 鱼类群游：密集队形防碰撞算法应用于无人机编队

152. 元宇宙模拟：构建百万级虚拟人群管控演练

153. 区块链存证：训练考核数据永久上链追溯

154. 脑机接口：实时监测队员注意力集中度

155. 数字孪生体：1：1 还原训练场动态参数

156. 量子计算：优化超大规模方阵行进路径

157. 队形急救包：模块化设计可拆解使用

158. 抬运伤员：四人担架队形成 120 度受力角

159. 止血协同：双人配合按压时间误差小

160. 毒气撤离：菱形队形确保全员供氧管路连接

161. 心脏复苏：轮换按压节奏与队列口令同步

162. 秦俑考据：军阵弩手队列分层射击角度考证

163. 古希腊浮雕：帕特农神庙存最早盾阵雕刻

164. 京剧起霸：功架训练提升警姿肢体控制力

165. 非洲战舞：节奏感训练增强队列协调性

166. 外骨骼队列：机械助力步幅可调

167. 全息伪装：动态光学迷彩实现视觉队列隐形

168. 脑波同步：α 波共振提升方阵协同精度

169. 反重力训练：磁悬浮装置模拟队列控制

170. 纳米机器人：体内植入物实时纠正肌肉记忆

171. 孙子兵法：奇正相生理论指导队形变换节奏

172. 八卦方位：巡逻队形参考易经方位布局原理

173. 郑和船队：宝船编队保持昼夜星象导航

174. 长城烽燧：古代信息接力队列呼应系统

175. 太极拳论：动静平衡理念融入持枪稳定性训练

176. 汶川救援：悬崖队列传递物资形成人链

177. 切尔诺贝利：辐射区三人小组轮换作业队形

178. 珠峰执勤：海拔 8800 米设立世界最高警戒线

179. 深海探摸：潜水员队列水声通讯间距标准

180. 空间站安防：失重环境环形警戒队形实验

181. 龙舟竞渡：鼓手节奏指挥与队列划桨协同

182. 高跷社火：民间艺训提升平衡能力

183. 安塞腰鼓：群体节奏感训练模式

184. 傣族孔雀舞：肢体舒展度练习

185. 蒙古族那达慕：马背队形控制传统技法

186. 整体与局部：方阵标齐体现系统论思维

187. 量变到质变：单兵误差与方阵偏差的数学关系

188. 对立统一：严格纪律与个体能动性平衡

189. 否定之否定：队形随战术需求螺旋式发展

190. 普遍联系：气象条件与训练强度的动态关联

191. 草原巡逻：马蹄铁防草场破坏设计

192. 湿地执勤：特制鞋底纹路减少生态扰动

193. 极地任务：生物降解材料应用规范

194. 雨林行动：无痕队列行进技术

195. 珊瑚礁区：浮力装备防生态破坏

196. 耗材管理：激光模拟替代实弹节省经费

197. 能源循环：训练场光伏地砖供电系统

198. 空间复用：可变形场地满足 12 种队形需求

199. 智能仓储：装备调取响应时间缩短

200. 虚拟审计：AI 自动评估训练资源使用效率

201. 电竞战术：MOBA 游戏团战思维转化实战包围

202. 物流算法：快递分拣动线优化巡逻路径

203. 芭蕾训练：旋转稳定性提升防眩晕能力

204. 建筑力学：拱形结构原理加固防暴人墙

205. 戏剧编导：舞台调度理论优化指挥流程

206. 条件反射：听到口令启动动作

207. 能量效率：行进耗氧量降低

208. 环境融合：任何地形 5 分钟内形成标准队形

209. 抗扰能力：在 8 级噪音中保持指令执行

210. 持续作战：72 小时动态队形维持能力

211. 茶马古道：多民族护卫队形交流史

212. 丝绸之路：跨国商队警戒阵列考

213. 郑和下西洋：多元文化仪仗队融合

214. 万里长城：多朝代戍边队列体系演变

215. 敦煌戍卒：出土汉简中的队列考勤

216. 气候异常：极端天气队形快速切换

217. 基因强化：肌肉耐力突破生理极限

218. 龙泉剑艺：礼仪佩剑锻造误差

219. 蒙古角弓：传统制弓术提升臂力稳定性

220. 苗银锻造：防暴装备装饰工艺应用

221. 藏族织造：高强度牦牛毛盾牌内衬

222. 景泰蓝工艺：警徽制作精度控制

223. 号角音程：大三度和弦最具穿透力

224. 电子节拍器：精准节奏控制

225. 声波武器：特定频段驱散人群的物理原理

226. 埃博拉防控：隔离队列安全距离标准

227. 海啸预警：海岸线撤离队形流速测算

228. 太阳风暴：电磁脉冲环境备用指挥系统

229. 物种入侵：消杀作业队形覆盖密度标准

230. 小行星防御：全球联队指挥系统架构

231. 枫桥经验：群防队形融入基层治理

232. 智慧新警：大湾区 AI 巡逻队列系统

233. 雪域雄鹰：高原特战队形供氧方案

234. 长江卫士：水域机器人协同编队

235. 数字边防：智能界碑自动警戒阵列

236. 纪律与自由：队列训练蕴含的社会契约精神

237. 个体与集体：方阵美学背后的秩序追求

238. 传统与创新：从冷兵器到 AI 的战术传承

239. 力量与智慧：警队建设的双重维度

240. 安全与发展：队列效能的国家治理隐喻

241. 四阶段论：基础、应用、创新、超越的递进

242. 三维评估：技能、体能、智能综合评价

243. 五环教学：讲、示、练、评、战的闭环

244. 六位一体：教、学、研、用、管、保系统

245. 七种能力：协同、应变、抗压、指挥、创新、耐力、纪律

246. 中俄联演：寒带队列经验交流

247. 中巴合训：高原战术联合创新

248. 中非合作：热带环境队形调整

249. 上合组织：多国反恐队形标准化

250. 一带一路：跨国安保队列协作

251. 1997 年中国香港回归：中英防务队列交接精度控制

252. 2008 年北京奥运会：56 个民族升旗手精准协同

253. 2015 年也门撤侨：海军陆战队警戒队形范例

254. 2024 年智慧警队：AI 辅助决策系统全面列装

后 记

在编写这本《警察队列队形与队列指挥训练教程》的过程中，我对于能够分享我对警察队列队形与队列指挥训练的理解和经验深感荣幸。这本书是我团队多年研究和实践经验的结晶，我希望它能为警务人员提供有价值的参考和指导。

作为司法警察类院校的教育者，我们深知警务技术与技能在培养学生成为优秀司法警察过程中占据着举足轻重的地位。这些技能不仅课时量大，而且贯穿司法警察类院校三年的教学始终，是司法警察类院校教育不可或缺的重要组成部分。然而，警务技能的精进并非一朝一夕之功，需要通过长期不懈的训练与实践方能逐步提升和完善。正是基于这样的认知，我们着手编写了《警察队列队形与队列指挥训练教程》。在创作过程中，我团队致力于将深奥的理论知识以浅显易懂的方式呈现，并融入丰富的实际案例与具体的操作步骤，旨在帮助读者更轻松地理解并掌握相关技能。我们坚信，唯有通过不断的实践、反思与改进，警务人员的队列队形与队列指挥技能方能得到真正的提升。

最后，我们要感谢武汉警官职业学院科研处、教务处的大力支持和帮助，也感谢武汉警官职业学院参与教材插图拍摄的老师和学生，同时也参阅借鉴了有关的文献资料，在此一并表示最诚挚的谢意！我也要感谢那些愿意花时间和精力阅读这本书的警务人员们，希望这本书能对你们有所帮助。书中有疏漏和不妥之处，敬请读者指正，本书中尚未注明所引用的专家学者及其论著，我们深表歉意。

卢庆朝

2024 年 12 月 30 日